W0272754

AIMER L'EGLISE

Cardinal Christoph SCHÖNBORN

AIMER L'EGLISE

Retraite prêchée à Jean-Paul II
au Vatican, en février 1996

Le Cerf/Saint-Augustin

La première édition de ce texte a paru en italien, en 1997, aux Edizioni San Paolo ©, 20092 Cinisello Balsamo (MI), sous le titre *Amare la Chiesa.*

L'édition française a été traduite de l'allemand par Yvan Mudry.

© 1998 Editions du Cerf
29, boulevard Latour-Maubourg
75340 Paris Cedex 07
ISBN 2-204-06009-7

© 1998 Editions Saint-Augustin
CH-1890 Saint-Maurice

ISBN 2-88011-069-6

INTRODUCTION

« Dieu, infiniment Parfait et Bienheureux en Lui-même[1]. » Ces mots sont les premiers du *Catéchisme de l'Eglise catholique.* Ils ouvrent également ces journées de retraite, nous précisant « le lieu » où le Seigneur nous invite, un endroit où nous pouvons trouver « son repos » (He 4, 10). « Rabbi, où demeures-tu ? » : c'est la question que posèrent les premiers disciples en ce jour inoubliable où ils le rencontrèrent pour la première fois ; il se retourna, les vit et leur demanda : « Que cherchez-vous ? » (Jn 1, 38). « "Rabbi, où demeures-tu ?" Il leur répondit : "Venez et voyez." Ils vinrent donc et virent où il demeurait, et ils demeurèrent auprès de lui ce jour-là. C'était environ la dixième heure » (Jn 1, 38-39), c'est-à-dire environ quatre heures de l'après-midi.

Le jeune apôtre que Jésus aimait garda jusque dans sa vieillesse le souvenir de cette rencontre. A cette heure-là commença à se former une communauté, une communauté de vie avec le Seigneur, qui s'appelle *l'Eglise.* Qu'est-elle en effet si ce n'est une « *communauté de vie avec Jésus-Christ*[2] » ? La première manifestation de cette Eglise à

---

1. *Catéchisme de l'Eglise catholique* (*CEC*), Paris, Mame-Librairie éditrice vaticane, 1992, 1.
2. *Catechesi tradendae*, cit. *CEC* 426.

venir remonte au moment où Jean-Baptiste désigna Jésus à l'attention de « deux de ses disciples » : « Regardant Jésus qui passait, il dit : “Voici l'agneau de Dieu” » (Jn 1, 35-36). La rencontre des apôtres avec Jésus inaugure la communauté de vie que nous appelons « Eglise ». Elle a été longuement *préparée*. Avant que *l'heure* arrive, il a fallu de nombreux siècles « pour accoutumer l'homme à saisir Dieu et accoutumer Dieu à habiter dans l'homme », pour reprendre les mots de S. Irénée[3]. Ce n'est qu'après ce long mûrissement que l'homme – invité depuis sa création – peut se rendre vers le « lieu » où habite le Seigneur.

Comme toujours dans l'Evangile de Jean, le visible et l'invisible, le céleste et le terrestre sont entremêlés. « Où demeures-tu ? » C'est la question innocente de deux jeunes gens qui, un peu embarrassés, ne savent comment engager la conversation. Et pourtant, la quête de l'humanité se retrouve tout entière dans leur question. L'interrogation porte sur Celui avec qui les hommes vivaient dans une intimité perdue par la suite : « Rabbi, où demeures-tu ? » Cette question où s'exprime un regret rejoint l'appel de Celui qui, depuis le péché originel, demande à l'homme : « Où es-tu ? » (Gn 3, 9).

C'est ainsi que dans le regard jeté vers le passé par le vieil apôtre, cette première heure est chargée de tout le poids du *mystère originel* : il n'y a pas seulement la succession des faits de cette première rencontre, il y a encore le rappel du début où Dieu créa le ciel et la terre (cf. Gn 1, 1), et même, plus profondément encore, l'évocation du commencement où était le Verbe, où il était avec Dieu et où il était Dieu, qu'il est et qu'il reste (cf. Jn 1, 1).

L'heure de cette première rencontre rayonnait donc, pour le vieil apôtre, de toute la lumière des origines de la création et du mystère intime de Dieu. Commençait alors cette longue familiarisation avec Jésus grâce à laquelle

---

3. *Adversus haereses*, cit. *CEC* 53.

Jean, et tous ceux qui le rejoignent, peuvent pénétrer dans le « lieu » le plus intime où Dieu habite. A la lumière éclatante de la foi pascale, Jean pourra dire de ce lieu : « Nul n'a jamais vu Dieu ; le Fils unique, qui est tourné vers le sein du Père, lui, l'a fait connaître » (Jn 1, 18). C'est dans ce « lieu de son repos », dans le sein du Père, que Jésus l'introduira lui et les autres. De là vient Jésus, *qui seul* « l'a fait connaître » (Jn 1, 18). Et voici ce que l'unique, le Fils, fait connaître du cœur du Père : « Père (...), la vie éternelle, c'est qu'ils te connaissent, toi, le seul véritable Dieu, et celui que tu as envoyé, Jésus-Christ » (Jn 17, 3).

Le cœur du Père est le lieu où repose le Fils, mais il est également celui où naît le projet de la création et de l'élaboration d'une communauté qui s'appelle et est l'Eglise.

A cette première heure de la rencontre, tout cela est encore caché. De quoi Jésus et ses disciples parlèrent-ils en ce jour où « ils demeurèrent auprès de lui » (Jn 1, 39) ? Il est surprenant que Jean n'en dise rien, lui qui transmet mieux que tout autre évangéliste les paroles les plus personnelles de Jésus à ses disciples (cf. Jn 13-17). Il garde pour lui le souvenir de cette première rencontre, tel un secret qui contient déjà en germe les promesses de l'avenir.

La journée suivante montre à quel point ces heures avec Jésus ont été décisives. André conduit Simon à Jésus : « Nous avons trouvé le Messie » (Jn 1, 41). Et un jour plus tard Nathanaël dit à Jésus : « Tu es le Fils de Dieu, tu es le roi d'Israël » (Jn 1, 49).

Avec Jean et comme lui, nous sommes invités au début de cette retraite à regarder en arrière vers cette heure où *nous* l'avons rencontré pour la première fois et où il *nous* a adressé cette question : « Que cherches-tu ? » La vocation revêt pour chacun une forme particulière, inimitable, aujourd'hui comme aux premiers temps de l'Eglise. A l'instar de Jean, qui a gardé secrètement pour lui le souvenir de cette première rencontre, il nous est difficile d'exprimer les circonstances les plus intimes de notre propre vocation, même si nous pouvons décrire son déroulement extérieur. Pourtant, à l'occasion de cette retraite, essayons et efforçons-nous de revenir personnellement à ce commencement, quelque forme qu'il ait pu prendre, afin de *l*'y retrouver, afin de voir, de contempler « où il demeure » (Jn 1, 39), de *demeurer* auprès de lui, en imitant la démarche d'André à l'égard de son frère Simon : « Il l'amena à Jésus » (Jn 1, 42). Puissions-nous, à l'issue de cette retraite, nous persuader que « nous avons trouvé le Messie » (Jn 1, 41) et confesser avec Nathanaël : « Rabbi, tu es le Fils de Dieu, tu es le roi d'Israël » (Jn 1, 49). Que la grâce nous soit donnée de goûter à l'ancienne joie, toujours nouvelle et jamais vieillissante, du « Nous avons trouvé le Messie ! »

La rencontre *personnelle* avec le Seigneur ne doit pas être le seul but de cette retraite. André dit à Simon, son frère : « Nous avons trouvé le Messie. » Ce « *nous* » est présent dès le début ! C'est à deux qu'ils ont suivi Jésus, c'est *ensemble* qu'ils demeurent avec lui, *ensemble* qu'ils l'annoncent, *ensemble* qu'il les enverra plus tard en mission.

La première rencontre avec Jésus fut vraiment *l'heure de naissance de l'Eglise*, une Eglise en pèlerinage depuis bientôt deux mille ans et qui s'apprête à fêter le Jubilé, la commémoration de sa propre naissance dans la venue du Messie, dans la naissance du Fils de Dieu. Puisque dans l'Eglise *tout est personnel* et *tout est commun*, la vocation personnelle et la mission commune, notre regard ne se portera pas seulement sur notre propre vocation, mais aussi sur la mission de l'Eglise. L'appel que le Christ nous a adressé de manière tout à fait personnelle nous lie au « nous » de l'Eglise. C'est son « lieu », sa « naissance », son cheminement et son but qui feront l'objet de notre méditation. Qu'en plus de la joie retrouvée de notre vocation personnelle, le Seigneur régénère en nous l'amour de l'Eglise, son Epouse. Notre vocation et notre tâche à nous tous, c'est de la servir. Il nous faut réfléchir sur son identité et le lieu profond d'où elle surgit. Pour mieux l'aimer, regardons-la avec les yeux de Jésus, lui qui « a aimé l'Eglise et s'est livré pour elle » (Ep 5, 25), comme il a aimé chacun d'entre nous et « s'est livré pour *moi* » (Ga 2, 20).

Le plan de nos réflexions est calqué sur un texte de la Constitution sur l'Eglise du Concile Vatican II. Dans son premier chapitre intitulé « Le mystère de l'Eglise », *Lumen gentium* présente l'Eglise comme « un Peuple qui tire son unité de l'unité du Père et du Fils et de l'Esprit Saint[4] ».

L'Eglise naît et grandit au long de cinq étapes qui ne font cependant pas que se succéder, mais dont la coexistence et l'interpénétration constituent seules sa réalité. Le Concile dit de l'Eglise qu'elle a été « préfigurée dès l'origine du monde » ; « merveilleusement préparée dans l'histoire du peuple d'Israël et dans l'Ancienne Alliance » ; « instituée enfin en ces temps qui sont les derniers » ; « manifestée grâce à l'effusion de l'Esprit Saint » et, « au terme des siècles, elle sera consommée dans la gloire »[5].

Chacune des cinq journées de notre retraite sera consacrée à l'une de ces étapes. De constantes références seront faites au *Catéchisme de l'Eglise catholique*, dont l'objectif est, selon les mots du Saint Père, de rendre manifeste « la symphonie de la foi[6] ». Privilégiant une vision d'ensemble, ces méditations cherchent à faire apparaître « l'harmonie de toutes les notes » : « A la lecture du *Catéchisme de l'Eglise catholique*, on peut saisir l'admirable unité du mystère de Dieu, de son dessein de salut, ainsi que la place centrale de Jésus-Christ, le Fils unique de Dieu[7]. »

Dans *Pastores dabo vobis*[8], le Saint Père recommande aux séminaristes l'étude du *Catéchisme*. Un tel travail doit leur permettre d'acquérir une vision d'ensemble de la

4. *Lumen gentium* (*LG*), 4, cit. *CEC* 810.
5. *LG* 2, cit. *CEC* 759.
6. JEAN-PAUL II, Constitution apostolique *Fidei Depositum,* 2.
7. *Id.*, 3.
8. *Pastores dabo vobis*, 62.

doctrine de la foi. Qu'à l'écoute attentive des vérités de ce même *Catéchisme* nous nous laissions fortifier dans la foi par notre Mère l'Eglise, dont nous demeurons les enfants malgré notre charge pastorale. Le *Catéchisme* dit : « Comme une mère apprend à ses enfants à parler, et par là même à comprendre et à communiquer, l'Eglise, notre Mère, nous apprend le langage de la foi pour nous introduire dans l'intelligence et la vie de la foi[9]. »

Pour conclure, rappelons-nous la première phrase de notre introduction, la première phrase du *Catéchisme* : « Dieu, infiniment Parfait et Bienheureux en Lui-même. » Le premier mot du *Catéchisme*, c'est *Dieu*. La première expression du *Catéchisme* est – j'aimerais presque dire – un *cri de joie* : « Dieu, infiniment Parfait et Bienheureux en Lui-même. » Il y a de *l'adoration* dans cette première affirmation, fondamentale : *Dieu* est infiniment digne d'être adoré. Pour le louer, nul besoin de raison particulière. Il est éternellement digne de louanges. Et pourtant, il n'a pas besoin de louanges. Cela ne peut rien lui ajouter. Rien ne lui manque ; Dieu est en lui-même *infiniment bienheureux*. Ce qu'il est suffit à justifier l'adoration et la louange dont il est l'objet, ainsi que la prière qui lui est adressée.

Le Père Réginald Garrigou-Lagrange, un dominicain, donnait tous les samedis un cours public à l'aula magna de l'*Angelicum*, à Rome. De nombreux auditeurs y assistaient, dont des laïcs de la ville. Un samedi, le Père Garrigou-Lagrange s'apprêtait à donner son cours. Le premier mot en était « Dieu ». Il le prononça, puis se tut. Il recommença, mais après le mot « Dieu », il ne put en proférer aucun autre. Tous attendaient en silence. Le fameux professeur ferma son livre, se leva et s'en alla... Le témoin oculaire de qui je tiens cette anecdote – il vit encore – conclut ainsi son récit : « Ce fut le cours de théologie le plus marquant que j'aie jamais suivi. »

---

9. *CEC* 171.

C'est parce que Dieu est en lui-même infiniment bienheureux et parfait, c'est pour cette raison *et pour cette raison seule* que tout ce qu'il fait, il le fait « par pure bonté », par amour. Il n'a besoin de rien, il n'a pas besoin de nous pour se réaliser. Dieu seul EST[10]. Nous n'épuiserons jamais ce qu'il est, jamais nous ne comprendrons qui il est : « *Si comprehenderis, non est Deus*[11]. » Pourtant, nous aurons part à sa béatitude, ayant été créés pour cet accomplissement : « Dans un dessein de pure bonté, (Dieu) a librement créé l'homme pour le faire participer à sa vie bienheureuse. » La deuxième phrase du premier numéro du *Catéchisme* offre un résumé de tout le cheminement de notre retraite : « C'est pourquoi, de tout temps et en tout lieu, Il se fait proche de l'homme. Il l'appelle, l'aide à Le chercher, à Le connaître et à L'aimer de toutes ses forces. Il convoque tous les hommes que le péché a dispersés dans l'unité de sa famille, l'Eglise. Pour ce faire, Il a envoyé son Fils comme Rédempteur et Sauveur lorsque les temps furent accomplis. En Lui et par Lui, Il appelle les hommes à devenir, dans l'Esprit Saint, ses enfants d'adoption, et donc les héritiers de sa vie bienheureuse[12]. »

> « *O lux, beata Trinitas et principalis Unitas,*
> *iam sol recedit igneus : infunde lumen cordibus.* »

> « O lumière, bienheureuse Trinité et Unité originelle,
> voici que le soleil flamboyant se retire :
> répands ta lumière dans les cœurs. »

Nous récitons cet hymne lors des vêpres du dimanche. Au soir de cette journée, demandons au Dieu-Trinité de répandre dans nos cœurs cette lumière *qu'il est lui-même* : « *O lux, beata Trinitas !* »

---

10. Cf. *CEC* 212.
11. S. AUGUSTIN, *Sermones,* 52, 6, 16 ; cit. *CEC* 230.
12. *CEC* 1.

I

L'EGLISE PRÉFIGURÉE DÈS L'ORIGINE DU MONDE

1. L'Eglise est la fin de toutes choses

L'Eglise est aussi ancienne que la création. D'une certaine manière, elle est même plus ancienne qu'elle. « Le monde fut créé en vue de l'Eglise », disaient les chrétiens des premiers temps. Les Pères de l'Eglise évoquent sa préexistence. Dans *Le Pasteur* d'Hermas, elle apparaît sous les traits d'une vieille femme : « Elle fut créée avant tout (le reste). Voilà pourquoi elle est âgée ; c'est pour elle que le monde a été formé[1]. »

« Dieu a créé le monde en vue de la communion à sa vie divine, communion qui se réalise par la "convocation" des hommes dans le Christ, et cette "convocation", c'est l'Eglise[2]. » *Finis omnium Ecclesia*, l'Eglise est la fin de toutes choses. Une célèbre affirmation de Clément d'Alexandrie le dit en ces termes forts : « De même que la volonté de Dieu est un acte et qu'elle s'appelle le monde, ainsi son intention est le salut des hommes, et elle s'appelle l'Eglise[3]. »

---

1. *Le Pasteur*, Vision 2, 4, 1, Sources chrétiennes 53, Paris, Cerf, 1958, p. 97.
2. *CEC* 760.
3. *Paedagogus*, 1, 6, 27 ; cit. *CEC* 760.

L'Eglise est ce que Dieu avait en vue lors de la création, le véritable but de celle-ci ne sera atteint que lorsque « tous les justes depuis Adam, "depuis Abel le juste jusqu'au dernier élu" se trouveront rassemblés auprès du Père dans l'Eglise universelle[4] », comme l'affirme le Concile avec les Pères de l'Eglise.

« Dans l'éternité, Dieu contemplait déjà le Christ total, l'Eglise, et y trouvait ses complaisances comme dans le chef-d'œuvre de sa miséricorde. Sorti pour créer, Dieu allait, à travers toutes les vicissitudes des œuvres de son amour, vers la réalisation de son Christ[5]. » Si tout « a été créé pour lui » (Col 1, 16), alors tout a aussi été créé pour l'Eglise, son Corps (cf. Col 1, 18).

Cette vision grandiose de l'*universalis Ecclesia apud Patrem* comme fin véritable de la création et de tout l'agir divin qui s'y rapporte paraît contredire une autre vision de l'Eglise, beaucoup plus modeste, qui est aussi présente dans *Lumen gentium*. Pie XI avait déjà dit : « Les hommes ne sont pas créés pour l'Eglise, mais l'Eglise est créée pour les hommes[6]. » Vatican II n'a-t-il pas dessiné le portrait d'une *Eglise servante*, une Eglise qui n'a pas d'autre lumière que celle du Christ, une Eglise qui, pour reprendre une image appréciée par les Pères, ressemble à la lune dont toute la lumière est un reflet du soleil : « *Lumen gentium cum sit Christus...*[7] » ?

L'Eglise est *les deux*, *fin* et *moyen*, *intention ultime* du dessein créateur et « en quelque sorte le sacrement, c'est-à-dire à la fois *le signe* et *le moyen* de l'union intime avec Dieu et de l'unité de tout le genre humain[8] ».

---

4. *LG* 2.

5. P. Marie-Eugène de l'Enfant-Jésus, *Je veux voir Dieu*, Venasque, Editions du Carmel, 1988, p. 657.

6. Discours aux prédicateurs de carême, prononcé le 28 février 1927 à Rome, dans Henri de Lubac, *Méditation sur l'Eglise*, Paris, Aubier, 1953, p. 53.

7. Cf. H. Rahner, « Mysterium Lunae », dans *Symbole der Kirche*, Salzburg, Otto Müller, 1964.

8. *LG* 1.

Le dessein de la création commence à se réaliser dans l'Eglise en pèlerinage. Il sera achevé lorsque l'Eglise aura atteint sa plénitude. L'achèvement de la création coïncidera avec l'achèvement de l'Eglise. Le sens de l'Eglise sera alors pleinement déployé : communion avec Dieu – communion des uns avec les autres en Dieu. Si, avec le Concile, nous considérons l'Eglise dans cette perspective, alors elle est les deux à la fois, chemin et but. Elle est à la fois un signe et ce à quoi ce signe renvoie. Ou, pour reprendre le vocabulaire de la théologie classique des sacrements, l'Eglise est *sacramentum* (signe sacré) et *res sacramenti* (réalité sainte signifiée), mais de telle sorte que ce qui est signe en elle et pour elle se réfère à ce qui est signifié. Nous reviendrons sans cesse durant ces jours sur cette tension présente au cœur du mystère de l'Eglise, sur le fait qu'elle est à la fois chemin et but, et qu'elle l'est *dans le Christ* dont elle est le Corps et l'Epouse, lui qui est pour sa part « le chemin, la vérité et la vie ».

« *Finis omnium Ecclesia* ». L'Eglise est aussi vaste que le dessein créateur de Dieu, elle en est le « fondement intérieur », comme l'a dit Karl Barth en parlant de l'Alliance[9]. Une première conséquence en est l'importance fondamentale de la foi en la création pour une compréhension correcte de l'Eglise. La création est le premier langage de Dieu. Sans elle, la parole de Dieu reste incompréhensible. C'est pourquoi le *Catéchisme de l'Eglise catholique* suit en détail la signification de la catéchèse de la création.

Dans la période troublée qui a suivi le Concile, la doctrine de la création a été en partie laissée de côté pour des raisons douteuses. Mais ensuite cette même doctrine fut à nouveau mise en valeur. Il devient toujours plus évident que sans ce premier article, la foi dans « le Créateur du

---

9. Cf. *Dogmatique*, 3e vol., *La Doctrine de la création*, t. 1, § 41, 3, Genève, Labor et Fides, 1960, pp. 244-356.

ciel et de la terre », les autres articles de foi perdent leur fondement[10].

La vérité sur la création et le Créateur constitue la base de toutes les autres vérités de foi. Sans elle, le discours sur l'Alliance et la Torah, sur l'Incarnation du Fils de Dieu, sur le salut et la grâce, l'Eglise et les sacrements, sur la nouvelle création, n'a plus de fondement. C'est pourquoi elle doit se retrouver, sinon chronologiquement, du moins thématiquement, au début de l'évangélisation, de l'annonce de la foi. Ce n'est pas un hasard si la catéchèse baptismale de l'Eglise ancienne commençait par la catéchèse de la création. Et il y a une raison profonde à ce que le récit de la création soit lu au début de la fête de la nuit pascale. La foi en un Dieu créateur du ciel et de la terre constitue *le premier pas vers la conversion.*

Un texte curieux des Actes des Apôtres le montre de manière exemplaire. Au cours de leur premier voyage missionnaire, Paul et Barnabé arrivent dans la ville de Lystres, en Asie mineure. Paul y guérit un impotent de naissance. Réaction spontanée de la foule : « Les dieux, sous forme humaine, sont descendus parmi nous ! » (Ac 14, 11). Et de donner à Barnabé le nom de Zeus et à Paul celui d'Hermès, le porte-parole. Le prêtre de Zeus apporte des taureaux ornés de guirlandes et il a l'intention d'offrir un sacrifice, de concert avec la foule. Paul est confronté ici à ce qu'il appellera, mi-réprobateur, mi-louangeur, la religiosité des Athéniens (cf. Ac 17, 22) ; il y est confronté non pas dans le cadre d'une dispute académique, mais sous la forme concrète de la religiosité populaire païenne.

Les deux Apôtres déchirent leurs vêtements et conjurent la foule de s'abstenir d'un tel acte blasphématoire : « ... Amis, que faites-vous là ? Nous aussi nous (ne) sommes (que) des hommes, soumis au même sort que vous, des hommes qui vous annoncent d'abandonner

10. Cf. *CEC* 199 et 281.

toutes ces vaines idoles pour vous tourner vers le Dieu vivant qui a fait le ciel, la terre, la mer et tout ce qui s'y trouve. Dans les générations passées, il a laissé toutes les nations suivre leurs voies ; il n'a pas manqué pour autant de se rendre témoignage par ses bienfaits, vous dispensant du ciel pluies et saisons fertiles, rassasiant vos cœurs de nourriture et de félicité... » (Ac 14, 8-18).

Etrange prédication missionnaire de l'Apôtre de Jésus-Christ ! Pas un mot de Jésus ! Pas un mot de son Evangile ! Dans ce discours le Christ n'est pas nommé en raison de la situation des personnes auxquelles Paul s'adresse.

Là où la foi dans le vrai Dieu fait défaut, le Christ ne peut pas être annoncé, l'Eglise ne peut pas être « semée ».

Les questions que soulève la situation décrite dans cette scène sont hautement métaphysiques et en même temps existentielles de part en part. Ce qui est en jeu, c'est la constitution fondamentale de la réalité, de l'être même, ainsi que l'orientation de sa propre existence, qui détermine tout dans la vie.

« Nous sommes des hommes, soumis au même sort que vous » (Ac 14, 15) : derrière cette affirmation, il y a toute une démarche de conversion. « Nous sommes des hommes », pas des demi-dieux, pas davantage des produits du hasard, mais des *créatures*.

La foi en la création introduit une distinction radicale, un *diastema*, pour reprendre le mot de Grégoire de Nysse : la séparation entre l'être incréé et l'être créé, entre Dieu qui seul *est* véritablement, éternel et parfait, et la création, qui ne tire pas d'elle-même son être et son existence. Cette distinction est d'une importance si fondamentale qu'il est difficile d'en comprendre toute la portée.

« Nous aussi, nous sommes des hommes, soumis au même sort que vous » : cette manière de voir est de nature à la fois religieuse, métaphysique et éthique. On ne peut pas y adhérer en se basant sur la seule théorie. Comme pour Paul, elle exige une « conversion » : « Tournez-vous vers le Dieu vivant », qui a fait le ciel et la terre.

Il n'est pas possible de reconnaître Dieu comme Créateur et d'accepter d'être une créature sans se détourner des « vaines idoles » pour se tourner vers le « Dieu vivant ». Se convertir signifie renoncer douloureusement aux dépendances passionnelles, à la fascination des idoles, s'ouvrir à la vérité et par là à une juste relation avec Dieu et le monde.

Mais Paul mentionne aussi deux signes qui ne trompent pas dans le cœur de l'homme : *la reconnaissance* et *la joie*. Ces signes montrent que ce retournement, cette conversion n'est pas une exigence imposée arbitrairement, mais qu'elle répond intimement au désir ardent présent dans le cœur de l'homme.

Paul renvoie au langage très simple de Dieu dans sa création : « Il n'a pas manqué de se rendre témoignage » (Ac 14, 17). « Du ciel », il envoie pluie et saisons fertiles, il dispense ses bienfaits. Et il se fait connaître à l'homme dans la langue du cœur : « Rassasiant vos cœurs de nourriture et de *félicité*. »

Tout cela *ne prouve pas* que le monde a été créé ni que nous sommes des créatures. Mais ce sont des *indices* qui parlent à la raison comme au cœur : « Il s'est rendu témoignage par ses bienfaits, vous dispensant du ciel pluies et saisons fertiles. » En affirmant que cela « vient du ciel », Paul indique que des dons élémentaires de la création, comme la pluie et la fécondité, ne sont pas tout simplement *à disposition* ni que nous y *avons droit*. Ce sont des dons du ciel, « d'en haut ». Le monde païen le savait encore, mais notre monde est en passe de l'oublier et doit le réapprendre ! Ce n'est que lorsque nous aurons à nouveau appris à être reconnaissants envers celui qui est à l'origine de tous les biens que nous serons en mesure de recevoir de manière fructueuse les dons de la grâce.

Reconnaissance et *joie* vont de pair. Pierre parle de « la joie indicible » (1 P 1, 8) qui est offerte à ceux qui aiment le Christ. L'« école préparatoire » à cette joie, c'est la joie du cœur dont parle S. Paul, la joie éprouvée par ceux qui accueillent avec reconnaissance les dons de la création. Cette joie naissant de la reconnaissance dans le cœur de l'homme est la plus fidèle alliée de Dieu sur son chemin avec les hommes. S. Ignace verra dans cette joie l'indicateur le plus sûr pour discerner la volonté de Dieu, et c'est là-dessus qu'il construira ses *Exercices*.

Finis omnium Ecclesia. L'Eglise est préfigurée dans la création. Il en découle que la création sert l'Eglise, qu'elle l'assiste dans son cheminement, qu'elle parvient en elle à son achèvement. Il est dit au chapitre 12 de l'Apocalypse que la terre est venue en aide à la Femme dans le désert en engloutissant le fleuve vomi par la gueule du Dragon pour entraîner la Femme dans ses flots (cf. Ap 12, 15-16). Voilà qui montre bien que toute la création est au service de l'Epouse bien-aimée, de la Femme, de l'Eglise.

Ce récit évoque, il est vrai, une aide accordée à une Eglise harcelée, persécutée, martyrisée. Mais inversement, la création ne trouve la guérison à laquelle elle aspire avec impatience que dans le mystère de l'Eglise : « Nous le savons en effet, toute la création jusqu'à ce jour gémit en travail d'enfantement » (Rm 8, 22). L'Eglise est ce à quoi aspire la création tout entière, qui « fut assujettie à la vanité – non qu'elle l'eût voulu, mais à cause de celui qui l'y a soumise – avec l'espérance d'être elle aussi libérée de la servitude de la corruption pour entrer dans la gloire des enfants de Dieu » (Rm 8, 20-21).

La création libérée est déjà présente dans la liturgie de l'Eglise, dans ses sacrements, dans la prière, dans la sanctification de la vie, dans la charité envers les pauvres. La relation entre la création et l'Eglise ne peut être comprise qu'à la lumière du mystère pascal, du mystère de la chute, de l'Incarnation et de la Rédemption. S. Augustin appelle l'Eglise *mundus reconciliatus*, le monde réconcilié. C'est de ce chemin de la réconciliation, chemin et but de l'Eglise, qu'il sera constamment question dans les méditations qui suivent.

Citons pour terminer ces paroles du *Catéchisme* : « L'Eglise est la fin de toutes choses, et les vicissitudes douloureuses elles-mêmes, comme la chute des anges et le péché de l'homme, ne furent permises par Dieu que comme occasion et moyen pour déployer toute la force de son bras, toute la mesure d'amour qu'Il voulait donner au monde[11]. »

2. Ciel et terre

L'Eglise a été « préfigurée dès l'origine du monde[12] ». Cela signifie que *toute* la création, « le ciel et la terre », est une préfiguration de l'Eglise. C'est pourquoi il n'est pas possible d'en saisir la signification sans comprendre au préalable ce qu'est une créature, le fait qu'elle ait été créée. Il n'est pas possible de parler de l'Eglise et de son mystère si l'on ne connaît pas le langage de la création. Mais le contraire est également vrai. Le langage de la création ne peut être véritablement compris qu'à la lumière de l'Eglise.

Les trois méditations qui suivent tentent d'élucider, à la lumière du mystère de la foi de l'Eglise, en quel sens cette même Eglise était préfigurée dans la création[13]. La première méditation s'intéressera au rapport entre le ciel et la terre en tant que modèle des deux dimensions de l'Eglise, qui est en même temps « l'Eglise terrestre et l'Eglise enrichie des biens célestes[14] ». Suivra une réflexion particulière sur l'*Ecclesia de angelis*, le monde des anges, comme

---

11. *CEC* 760 ; cf. aussi MARIE-EUGÈNE DE L'ENFANT-JÉSUS, *op. cit.*, p. 657.

12. *LG* 2.

13. Cf. à ce sujet le cours que nous avons donné en 1993 dans le cadre de la Semaine de la Haute Ecole de Salzbourg, dans P. GORDAN éd., *Lob der Erde*, Graz-Wien-Köln, Verlag Styria, 1994, pp. 31-62.

14. *LG* 8.

préfiguration de l'Eglise. La deuxième méditation sera consacrée à « la grammaire » de la création visible à laquelle l'Eglise emprunte sa langue. La troisième sera finalement consacrée à la providence divine. En d'autres termes, elle répondra à cette interrogation : comment Dieu mène-t-il à son accomplissement son dessein créateur ? Nous suivrons chaque fois la catéchèse de la création proposée par le *Catéchisme de l'Eglise catholique.*

Il fut un temps où de nombreux théologiens se croyaient obligés d'expliquer que « le ciel et la terre » était une expression dépassée, liée à une vision du monde dans laquelle le haut et le bas jouaient un rôle-clé. Procéder à une telle « démythologisation » au nom d'une raison naïve, c'est oublier qu'il y aura toujours concrètement pour l'homme un « haut » et un « bas », qu'il a un ciel au-dessus de sa tête et une terre sous ses pieds, quelle que soit son image du monde. Celui qui lève vers le ciel des yeux remplis d'un ardent désir, celui qui élève les mains en signe de prière témoigne d'une réalité fondamentale qui s'exprime au moyen de mythes et de symboles, mais qui a ses racines dans la vie terrestre de l'homme : la terre n'est pas tout, elle est en relation de polarité avec le ciel. « Le cosmos comporte un haut et un bas et il y a donc un monde supérieur et un monde inférieur : le ciel et la terre, qui ne font que refléter – mais qui reflètent effectivement – la différence authentique, véritable et rigoureuse qu'il y a entre le Créateur et la créature, entre Dieu et l'homme[15]. »

La polarité, le fait que le ciel et la terre aillent de pair, ce sont là des symboles, des analogies de la relation de Créateur à créature, des analogies de l'Eglise.

« Au commencement, Dieu créa le ciel et la terre. » Tous deux sont des créatures, le ciel est créé, tout autant que la terre. Dieu est élevé « par-dessus terre et ciel » (Ps 148, 13), tous deux lui appartiennent (cf. 1 Ch 29, 11). Et

15. *Dogmatique, id.*, 3e vol., t. 3, 2e partie, § 51, 2, 1963, p. 137.

pourtant, le ciel est en même temps un « sacrement » de ce Dieu qui est à la fois dans les hauteurs et tout proche : « Comme est la hauteur des cieux sur la terre, puissant est son amour pour qui le craint » (Ps 103, 11).

La terre est tournée vers le ciel. La pluie et la rosée témoignent de notre dépendance envers ce qui est « en haut », là d'où vient « tout don excellent, toute donation parfaite » (Jc 1, 17). Oublier ou ne pas consentir à voir cette dépendance très réelle de notre vie sur terre, c'est oublier plus fondamentalement la radicale dépendance des créatures envers le Dieu du ciel et de la terre, ce qui est plus lourd de conséquences. Un tel oubli a un impact jusque sur l'image de l'Eglise ; on ne prend aujourd'hui pratiquement pas en considération « l'Eglise du ciel », contrairement à ce que *Lumen gentium*[16] a clairement mis en lumière.

Dans l'église Saint-Ignace à Rome, Andrea Pozzo a créé l'une des représentations les plus splendides de l'imbrication du ciel et de la terre *au sein* de l'Eglise. Il a peint au plafond de la nef baroque une grandiose perspective qui s'ouvre sur un ciel infini. S. Ignace s'élève en direction de la Sainte Trinité. D'autres saints jésuites le suivent. Des anges montent et descendent, reliant la scène aux allégories des quatre continents qui, tout agités, cherchent à rejoindre la communauté céleste.

La terre s'élève-t-elle vers le ciel ? Le ciel descend-il à la rencontre de la terre ? Les deux mouvements se produisent. Mais le « haut » détermine totalement le « bas », c'est le but auquel aspire celui-ci, le lieu vers lequel il se dirige. C'est aussi d'« en haut » que provient l'aide accordée à l'Eglise qui est sur la terre, la lumière qui l'éclaire. La patrie de l'Eglise est « en haut », là se trouve « notre cité » (Ph 3, 20).

Nous risquons d'oublier la patrie céleste de l'Eglise par peur de ces reproches : ce serait là une « trompeuse

16. Cf. *LG* 7.

espérance en l'au-delà », un « opium du peuple », réduisant l'engagement dans *ce monde*, sur la terre. Mais une Eglise en pèlerinage, au-dessus de laquelle le ciel ne s'ouvre plus sur la communauté des anges et des saints, est stérile, incapable d'apporter quelque consolation. Oui, elle oublie sa *réalité* de *« pèlerin »*, la joie d'être en marche vers la patrie céleste, en dépit des difficultés.

Une dimension de la corrélation entre ciel et terre doit être tout particulièrement mentionnée, car elle est d'une importance extraordinaire pour l'Eglise : les liens qui unissent les créations visible et invisible. Cette dimension, il est impossible de la saisir sans évoquer ces créatures splendides que nous appelons les anges.

En affirmant que Dieu a créé le ciel et la terre, le monde juif, préchrétien, reconnaissait déjà qu'il avait créé le monde des « armées célestes », les myriades d'êtres spirituels, célestes qui servent Dieu.

Paul se situe dans cette tradition, mais il l'ouvre sur le Christ : « En lui ont été créées toutes choses, dans les cieux et sur la terre, les visibles et les invisibles, Trônes, Seigneuries, Principautés, Puissances » (Col 1, 16). Les créatures du ciel sont les anges. Elles font tout naturellement partie du monde biblique.

La terre s'est appauvrie, et nous avec elle, depuis que la sensibilité à l'égard de la réalité des créatures invisibles s'est largement estompée, y compris parmi les chrétiens. Que signifie, dans la célébration eucharistique, le fait que nous entonnions chaque fois le chant de louange des anges qu'est le *Sanctus* ? Et que signifie, dans le rite pénitentiel, le fait que nous suppliions au début de la messe la bienheureuse Vierge Marie, *les anges* et tous les saints, ainsi que nos frères et nos sœurs de prier pour nous Dieu, le Père Tout-Puissant ?

Ceux qui ne voient dans les anges que les symboles d'une humanité parfaite croient qu'il suffirait de supprimer ces passages.

Malheureusement, les anges et les démons opèrent un retour sous toutes sortes de formes dans le New Age, l'anthroposophie, le pandémonium des bandes dessinées et de la musique rock actuelle. Nous ne pouvons contrer cette prolifération sauvage qu'en nous souvenant dans la foi de ce que sont et de ce que font ces créatures.

Romano Guardini a dit l'essentiel à ce propos. Il affirme dans une prédication pour la Fête des anges gardiens : « On peut apporter plusieurs réponses à la question de leur signification. Le plus important a été dit par Jésus dans un contexte on ne peut plus sacré : dans la prière qu'il a enseignée aux siens. La troisième demande s'adresse à Dieu pour que sa volonté soit faite sur la terre comme au ciel. Ceux qui accomplissent cette volonté, ce sont les anges, eux dont il est dit qu'ils "voient constamment la face de mon Père qui est aux cieux" (Mt 18, 10). Les anges comprennent aussi dans un regard d'amour le dessein de la providence et ils font docilement la volonté de Dieu avec une force et une fidélité magnifiques. »

Même si ce n'est pas le cas sur la terre, la volonté de Dieu s'accomplit intégralement quelque part dans la création : au ciel, dans le monde des anges, auquel sont joints les saints. Telle est la magnificence et la splendeur de ces créatures : avoir pour toujours remis leur être au bon vouloir de Dieu dans un acte de liberté les impliquant totalement : « *Que ta volonté soit faite.* » C'est pourquoi le ciel est là où s'accomplit cette volonté ; et il descend sur terre là où il en va de même.

A l'opposé, là où la liberté de la créature spirituelle, qui peut se comprendre elle-même et s'offrir volontairement sans réserve, refuse de faire la volonté de Dieu, là est l'enfer. Si cela se produit sur la terre, celle-ci devient un enfer.

Les anges nous introduisent dans le monde pur et lumineux de la volonté de Dieu. Voilà pourquoi ils sont les anges du Christ et l'entourent. Leur « lieu », leur « patrie », c'est le Fils qui reçoit éternellement son être du Père, se redonne à lui et vit entièrement selon la volonté du Père. Ce n'est pas un hasard si les anges sont tellement présents tout au long de la vie de Jésus, de l'Incarnation à la montée au ciel et même jusqu'au retour du Fils de l'Homme et de « ses anges » (cf. Mt 13, 41).

La proximité de l'ange à l'heure de l'agonie, de la dernière offrande à la volonté du Père, jusqu'à la mort, est particulièrement émouvante. John Henry Newman a médité sur cet ange de l'agonie dans *Le Songe de Gérontius*[17]. Quel mystère dans le fait qu'une créature puisse consoler et réconforter le Sauveur à l'heure de son agonie !

Quel exemple pour nous, être proches du Christ dans la prière et le service, lui qui est « en agonie jusqu'à la fin du monde », selon le mot de Pascal.

La grande école de vie des maîtres chrétiens met le doigt sur les multiples analogies qui existent entre la création invisible et la création visible. Elle voit dans l'*angelicòs bíos* l'archétype de la vie monastique, de la forme de vie spirituelle : totalement voués à l'adoration de Dieu, les anges restent par ailleurs totalement disponibles pour le cas où Dieu aurait une mission à leur confier. Ils sont de tout leur être des « esprits envoyés en service » (He 1, 14). C'est en cela que consiste leur dignité et leur sainteté. C'est en cela qu'ils sont des exemples montrant ce qu'est une créature parfaite, des images de la mission de l'Eglise.

La communion d'amour et de prière avec les anges rappelle à la conscience que la création ne se limite pas à la terre. Sans la connaissance des anges par la foi, la dimension invisible de la création risque de s'effacer, et avec elle la complémentarité entre le ciel et la terre, entre le spirituel et le matériel, la nature et la grâce, complémentarité qui donne seule sa pleine dimension à la création.

La communion vivante avec les anges nous permet de ne pas oublier la dimension invisible de l'Eglise. L'amour

---

17. *Le songe de Gérontius*, éd. bilingue, Lausanne, L'Age d'homme, 1989.

et la vénération des anges augmentent en nous le sens de la réalité et favorisent les dons de grâce. J. M. Scheeben dit : « Tenir en haute estime la grâce conduit à vénérer les saints anges. Plus nous avons à craindre dans notre faiblesse la perte de la grâce, plus nous devons nous recommander intimement à leur protection et à leur appui. »

S. Thomas d'Aquin affirme dans l'un de ses ouvrages : « Les anges coopèrent à tout ce qui est bon pour nous[18]. » La communion fondée dans la création entre créations invisible et visible, entre les anges et le cosmos matériel (une vérité que le Moyen Age chrétien connaissait bien mieux que notre rationalisme), et également entre les anges et les hommes, est une véritable *praefiguratio* de l'Eglise comme but du Créateur !

3. Le monde visible

« Les fidèles doivent reconnaître la nature profonde de toute la création, sa valeur et sa finalité qui est la gloire de Dieu », affirme le Concile[19].

Pour que la pensée et l'agir humains soient correctement orientés, il est nécessaire de reconnaître la nature de l'être créé.

La compréhension des deux premiers chapitres de la Genèse est « le lieu » traditionnel de la doctrine chrétienne de l'être, l'école de la pensée chrétienne. C'est là que sont explicitées certaines prises de position-clés d'ordre philosophique et métaphysique qui servent de fondement à la doctrine chrétienne du salut. Saisir le monde comme création implique une certaine compréhension de l'être, une « métaphysique de la création ». Les maîtres chrétiens ont vu dans l'œuvre des six jours dont il est question dans la

---

18. *Summa theologiae*, Ia, q. 114, a. 3, ad 3 ; cit. *CEC* 350.
19. *LG* 36, 2.

Bible un développement de cette « métaphysique de la création ». S. Augustin et S. Basile, Bonaventure et Thomas ont écrit des commentaires détaillés sur cet *hexameron*. La scolastique a par la suite largement négligé ce *topos* théologique. Au cours de ce siècle, Karl Barth et Romano Guardini ont tenté un commentaire théologique de l'œuvre des six jours. Mais ils ont été vraiment les seuls à le faire.

Ce manque d'intérêt est encore plus évident dans la catéchèse récente. On a trop peur d'un conflit avec les sciences de la nature. La peur d'un « cas Galilée » et d'autre part la volonté de se démarquer du « fondamentalisme » ont conduit à une lecture qui ne voit le plus souvent dans le premier chapitre de la Genèse que l'expression d'une vision du monde dépassée, et non pas une « catéchèse de la création ».

Dans son enseignement sur la création, le *Catéchisme* a tenté d'aborder *l'hexameron* en s'interrogeant sur ce qu'il peut nous apprendre quant à la création et au fait d'être créé. Les développements suivants, qui s'en tiennent de très près au texte du *Catéchisme*[20], devraient pouvoir montrer à quel point ces questions sont fondamentales et « préfigurent » la compréhension de l'Eglise.

L'enseignement premier, qui détermine tout ce qui suivra, c'est la création à partir « de rien »[21]. « Il n'existe rien qui ne doive son existence à Dieu créateur[22]. » Nous n'évaluerons jamais avec assez de profondeur et de sérieux la portée des « conséquences de la foi en la création » (pour reprendre le titre d'un texte du cardinal Ratzinger[23]), que ce soit du point de vue de la pensée philosophique ou de sa portée existentielle. Une phrase que

---

20. Cf. *CEC* 337-349.
21. Cf. *CEC* 296-298.
22. *CEC* 338.
23. Cf. J. RATZINGER, « Konsequenzen des Schöpfungsglaubens », dans *Im Anfang schuf Gott*, Freiburg in B., Johannes Verlag Einsiedeln, 1996, pp. 77-94.

sainte Catherine de Sienne a entendue de la bouche du Christ donne la tonalité fondamentale de ce genre de réflexions : « Ma fille, sais-tu qui tu es et qui je suis ? Il n'y a pas de plus grand bonheur que de le savoir. Tu es celle qui n'est pas. Je suis celui qui est. » Selon son biographe, le bienheureux Raymond de Capoue, tout ce que le Seigneur a enseigné d'autre à Catherine serait contenu en germe dans cette expérience fondamentale.

Parce que l'être créé n'est pas une émanation nécessaire de l'être divin ni une partie qui aurait été séparée de lui, parce qu'il a été pensé et voulu librement par la sagesse et l'amour de Dieu, il peut être un *tu* en face du Créateur : « Tu es, je suis. »

Voici sept développements de cette vérité fondamentale. Chacun en éclaire un aspect et pourrait faire l'objet d'une méditation séparée.

1) « Chaque créature possède sa bonté et sa perfection propres[24]. » Les créatures ne constituent pas seulement des étapes intermédiaires, fruits du hasard, dans le grand fleuve de l'évolution. Elles possèdent leur être propre, voulu par Dieu, « une consistance, une vérité, une excellence propres ». Elles ont leurs propres lois et leurs propres règles, comme le dit le Concile[25]. Le *Catéchisme* met l'accent sur les conséquences éthiques de cette vérité : « L'homme doit respecter la bonté propre de chaque créature pour éviter un usage désordonné des choses, qui méprise le Créateur et entraîne des conséquences néfastes pour les hommes et pour leur environnement[26]. »

2) « L'interdépendance des créatures est voulue par Dieu[27]. » « Le spectacle de leurs innombrables diversités

24. *CEC* 339.
25. *Gaudium et spes* (*GS*), 36, 2.
26. *CEC* 339.
27. *CEC* 340.

et inégalités signifie qu'aucune des créatures ne se suffit à elle-même. Elles n'existent qu'en dépendance les unes des autres, pour se compléter mutuellement, au service les unes des autres[28]. » Cela vaut aussi pour les humains, qui sont certes égaux en dignité, mais aussi très différents en ce qui concerne leurs dons : « Ces différences appartiennent au plan de Dieu, qui veut que chacun reçoive d'autrui ce dont il a besoin[29]. » La multiplicité des créatures n'est pas un accident, comme le croit la gnose, ce n'est pas une chute hors de l'Un, selon la vision néoplatonicienne. Elle est au contraire voulue par Dieu. La multiplicité reflète la plénitude de l'être de Dieu. C'est dans la *communio* de l'Eglise en tant qu'*unique* Corps du Christ doté de plusieurs membres que cette multiplicité des dons créés et surnaturels se déploiera totalement.

3) « La beauté de l'univers : l'ordre et l'harmonie du monde créé résultent de la diversité des êtres et des relations qui existent entre eux[30]. »

« La beauté de la création reflète l'infinie beauté du Créateur. Elle doit inspirer le respect et la soumission de l'intelligence de l'homme et de sa volonté[31]. »

Ce qui est admirable, ce n'est pas seulement l'ordre du cosmos, mais plus encore son *intelligibilité*. Einstein aurait dit que ce qui est étonnant n'est pas tant que nous connaissions les choses, mais que celles-ci *puissent être connues*. C'est parce qu'elles sont issues de la lumière de la raison divine et non pas le fruit d'un chaos anonyme qu'elles sont aussi « lumineuses » et « claires » pour notre esprit. C'est pourquoi l'Eglise défendra toujours l'esprit humain et la force qu'il a reçue de Dieu. Un bon usage de la raison sera toujours un allié naturel de la foi.

---

28. *Ibid.*
29. *CEC* 1937.
30. *CEC* 341.
31. *Ibid.*

4) Il y a un ordre, une « hiérarchie » des créatures. Reconnaître cette réalité, c'est découvrir ce qui fonde dans la création la constitution hiérarchique de l'Eglise. L'ordre qui existe dans la création nous apprend que hiérarchie et communauté ne sont pas contradictoires.

« Dieu aime toutes ses créatures, et Il prend soin de chacune, même des passereaux[32]. » *Chaque* créature a sa valeur, chacune a sa perfection propre, toutes partagent la condition de créature et pourtant « Jésus dit : "Vous valez mieux qu'une multitude de passereaux" (Lc 12, 7), ou encore : "Un homme vaut plus qu'une brebis" (Mt 12, 12)[33]. » Le quatrième commandement et plus largement « l'ordre de la charité », *ordo caritatis*, nous rappellent qu'il y a une « hiérarchie » entre des créatures de même dignité[34].

La reconnaissance de *l'ordo caritatis* me paraît être aujourd'hui l'une des tâches primordiales de la doctrine sociale catholique[35]. Mais il en va ici de la reconnaissance *concrète* de l'ordre de la création.

5) « L'homme est le sommet de l'œuvre de la création » : s'il y a une hiérarchie des créatures, celle-ci doit aussi avoir un sommet. « Le récit inspiré l'exprime en distinguant nettement la création de l'homme de celle des autres créatures[36]. »

On critique aujourd'hui massivement « l'anthropocentrisme » biblique et chrétien. Pour beaucoup, et ils nous le reprochent, *cette* image de l'homme est responsable de la catastrophe écologique. « Le sommet de l'œuvre de la création » est devenu sa plus grande menace ; l'homme est

32. *CEC* 342.
33. Cit. *CEC* 342.
34. Cf. *CEC* 2197.
35. Le *Catéchisme* contient plusieurs indications qui vont dans ce sens, cf. 1934-1938.
36. *CEC* 343.

l'importun qui met en danger une nature qui se porterait mieux s'il n'y avait pas d'hommes.

Gaudium et spes dit au contraire avec beaucoup de confiance : « L'homme, seule créature sur terre que Dieu a voulue pour elle-même[37]. » Cela implique une autre affirmation : « Croyants et incroyants sont généralement d'accord sur ce point : tout sur terre doit être ordonné à l'homme comme à son centre et à son sommet[38]. »

Cette quasi-unanimité a le plus souvent disparu aujourd'hui. La problématique n'est pas nouvelle. Dans l'Antiquité déjà, on tournait en dérision la notion chrétienne de l'homme « sommet de la création ». On aimait beaucoup les apologues qui rabaissaient la prétention humaine en mettant en évidence la supériorité des animaux. La question que se pose Pascal est plus angoissante : qu'est-ce que l'homme face à l'infini du cosmos ?

L'époque contemporaine porte les deux marques : d'une part une exaltation de soi démesurée de la part de l'homme, de l'autre un abaissement radical de ce même homme.

Le maître de la Renaissance qui a réalisé la coupole de la chapelle de Sigismond dans la cathédrale du Wawel à Cracovie y a inscrit son propre nom, et non pas celui de Dieu, comme il était coutume de le faire. Et il utilise le terme de *facto*, comme s'il était créateur ! L'homme s'est promu créateur. Cette exaltation de l'homme créateur de soi culminera dans « l'homme machine », l'homme réduit à un mécanisme, à un pur produit, au « matériel humain ». Robert Spaemann le résume ainsi : l'homme lui-même devient un anthropomorphisme.

Les deux tendances ont oublié que *l'homme est un être créé*. Il apparaît toujours plus clairement que *tout*, jusqu'aux fondements de l'image de l'homme, dépend du

---

37. *GS* 24, 3.
38. *GS* 12, 1.

premier article de foi, de la foi en un Dieu Père et Créateur. De la même manière, *tout* agir véritablement humain dépend de l'obéissance au premier des dix commandements[39].

Il est donc d'autant plus important d'éveiller et de développer le sens, l'intuition de l'homme-créature. Avec *Gaudium et spes*, le Concile nous a offert la grande charte de l'image chrétienne de l'homme, présentant de lui une vision sobre et enthousiasmante. *Sobria ebrietate*, dans « la sobre ivresse » de l'Esprit Saint, nous pouvons aujourd'hui annoncer et surtout essayer de *vivre* conformément à cette vision de la grandeur, de la vocation et de la dignité de l'homme et des menaces qui pèsent sur lui.

Cette anthropologie est centrée sur la doctrine de l'homme créé « à l'image de Dieu[40] ». Le développement de l'anthropologie du Concile est l'une des grandes tâches que nous avons à accomplir aujourd'hui. Les catéchèses du Saint Père nous ont indiqué dans quel sens nous devions reprendre et développer les grands thèmes de *Gaudium et spes* : l'unité de l'homme corps et âme ; la communauté des personnes ; « homme et femme il les créa » ; raison, conscience et liberté, le drame du péché, le mystère de la mort, mais surtout la lumière du Christ qui éclaire vraiment et pour la première fois le mystère de l'homme[41]. Sans présomption ni arrogance, avec beaucoup de reconnaissance, nous pouvons avouer que l'Eglise possède là, « dans des vases d'argile », un précieux trésor qu'elle est appelée à faire connaître et à offrir aujourd'hui.

Il y aurait beaucoup à dire au sujet de cette grandiose vision anthropologique. Evoquons-en au moins un thème porteur, qui réapparaît constamment dans le *Catéchisme* : « Grâce à la communauté d'origine le genre humain forme

39. Cf. *CEC* 199.
40. *GS* 12, 3.
41. Cf. *GS* 12-22.

une unité[42]. » Dans sa première encyclique du 20 octobre 1939, le pape Pie XII a fondé sur cet enseignement son « non » clair au racisme national-socialiste. *Lumen gentium* mettra devant nos yeux l'Eglise-sacrement, c'est-à-dire signe et instrument de l'unité du genre humain[43]. L'extrait qui suit de l'encyclique de Pie XII montre clairement à quel point l'Eglise était *praefigurata* dès l'origine de la création déjà, dès le début de l'humanité : « Merveilleuse vision qui nous fait contempler le genre humain dans l'unité de son origine en Dieu (...) ; dans l'unité de sa nature, composée pareillement chez tous d'un corps matériel et d'une âme spirituelle ; dans l'unité de sa fin immédiate et de sa mission dans le monde ; dans l'unité de son habitation : la terre, des biens de laquelle tous les hommes, par droit de nature, peuvent user pour soutenir et développer la vie ; unité de sa fin surnaturelle : Dieu même, à qui tous doivent tendre ; dans l'unité des moyens pour atteindre cette fin ; (...) dans l'unité de son rachat opéré pour tous par le Christ[44]. »

« Cette "loi de solidarité humaine et de charité[45]", sans exclure la riche variété des personnes, des cultures et des peuples, nous assure que tous les hommes sont vraiment frères[46]. » La famille humaine a été créée et appelée à devenir *familia Dei*, famille de Dieu.

La solidarité constituée par la communauté d'origine ne se limite pas à la communauté de la famille humaine. Elle possède une dimension plus englobante encore à laquelle renvoie la catéchèse de l'*hexameron* présentée dans le *Catéchisme*. C'est à elle que nous revenons pour terminer.

---

42. *CEC* 360 ; cf. aussi 225, 404, 775, 831, 842.
43. Cf. *LG* 1.
44. *Summi pontificatus*, cit. *CEC* 360.
45. Pie XII, *ibid.*
46. *CEC* 361.

6) « L'œuvre des six jours » implique aussi qu'« il existe une *solidarité entre toutes les créatures* du fait qu'elles ont toutes le même Créateur, et que toutes sont ordonnées à sa gloire[47] ». Cette solidarité englobante de la création préfigure cette nouvelle création qui est déjà présente en « germe et commencement » dans l'Eglise[48]. En voulant dissoudre l'homme dans le tout du cosmos, beaucoup tentent aujourd'hui de dépasser la distinction moderne, cartésienne, entre *res cogitans* et *res extensae,* entre esprit humain et monde. Le *Catéchisme* présente cette voie de la solidarité avec la création en citant le *Cantique des créatures* de S. François. François loue Dieu avec toutes les créatures, il sait qu'il est apparenté à elles, que le soleil est son frère et la lune sa sœur, que comme créature il sert Dieu avec elles « en toute humilité[49] ».

7) « Dieu conclut au septième jour l'ouvrage qu'il avait fait » (Gn 2, 2). Le fait que toute « l'œuvre des six jours » tende vers le sabbat comme à son terme montre à quel point la création tout entière est orientée, par-delà elle-même, vers sa destination ecclésiale.

Le *Catéchisme* mentionne trois conséquences de cette orientation.

a) Il est vrai que la création attend encore avec impatience son sabbat final, son achèvement dans le Royaume de Dieu. Mais l'œuvre de Dieu est en même temps « achevée », elle a sa consistance, son ordre et ses lois, qui sont des signes de la fidélité de Dieu à son alliance : « Si je n'ai pas créé le jour et la nuit et établi les lois du ciel et de la terre, alors je rejetterai la descendance de Jacob et de David mon serviteur » (Jr 33, 25-26). Ce n'est pas pour rien que nous prions : « *Notre secours* est dans le nom du Seigneur, qui a fait le ciel et la terre. » Si Dieu est aussi

47. *CEC* 344.
48. Cf. *LG* 5.
49. « *E rengraziate e serviteli cun grande umilitate* », cit. *CEC* 344.

fidèle à son alliance qu'il l'est à sa création, alors notre fidélité à son alliance implique le devoir de respecter les lois inscrites dans la création[50].

b) « La création est faite en vue du Sabbat et donc du culte et de l'adoration de Dieu. Le culte est inscrit dans l'ordre de la création. "Ne rien préférer au culte de Dieu", dit la règle de S. Benoît, indiquant ainsi le juste ordre des préoccupations humaines[51]. » Israël sait déjà que la création n'est pas là pour elle-même. Sa fin est dans la glorification de Dieu, qui constitue le bonheur de l'homme et de toute la création. « Le monde a été créé pour la Gloire de Dieu », rappelle le *Catéchisme* à la suite de Vatican I[52]. « Non pour accroître la Gloire, mais pour manifester et communiquer cette Gloire », est-il expliqué avec S. Bonaventure[53].

c) Mais le sabbat est aussi le souvenir d'une *libération* : au terme de l'œuvre des six jours, Dieu se reposa « et reprit haleine » (Ex 31, 17). C'est pourquoi l'homme doit lui aussi cesser son travail et permettre aux autres, aux pauvres tout particulièrement, de « reprendre souffle » (Ex 23, 12)[54]. Ainsi le sabbat se trouve-t-il en rapport avec la grande libération, l'exode hors de la servitude d'Egypte. Voilà encore une *praefiguratio* de l'Eglise ! Elle sera le lieu du repos promis par le Seigneur, lieu où l'on sera libéré du joug de l'asservissement au péché.

Nous touchons là à un thème dont il n'a pas été question jusqu'ici, mais qui nous accompagnera constamment désormais : le mal et la libération de son emprise. Avant d'aborder ce sujet, intéressons-nous encore à la divine providence pour en terminer avec la création.

---

50. Cf. *CEC* 346.
51. *CEC* 347.
52. *CEC* 293.
53. *Ibid.*
54. Cf. *CEC* 2172.

4. Dieu réalise son dessein : la divine providence[55]

En 1273, une année avant sa mort, S. Thomas d'Aquin fit à Naples une série de sermons relatifs au *Credo*[56]. Sa prédication sur le premier article de foi commence par ces mots : « La première chose que les croyants doivent croire, c'est qu'il y a un Dieu. Il faut d'abord bien voir ce que signifie le mot "Dieu". Il signifie rien moins que "maître-souverain" de toutes choses. Croit ainsi en Dieu celui qui croit que toutes les choses de ce monde sont gouvernées et régies par lui. Qui croit au contraire que tout arrive par hasard ne croit pas qu'il y a un Dieu. »

Croire en Dieu et croire en sa providence vont de pair. Il est impossible de croire au Créateur sans croire en même temps qu'il est « maître souverain » de sa création. Mais gouverner et diriger, c'est conduire à son but. Dieu mène la création à son terme, à son achèvement : le Royaume de Dieu, l'*universalis Ecclesia apud Patrem*[57], la communauté plénière des justes avec le Dieu-Trinité. « Nous appelons *divine providence* les dispositions par lesquelles Dieu conduit sa création vers cette perfection[58]. »

« Dieu garde et gouverne par sa providence tout ce qu'Il a créé », dit le Concile Vatican I[59].

Avec le thème de la résurrection des corps, il n'y a aucun enseignement de la foi auquel les théologiens et les prédicateurs de l'Eglise primitive se soient autant intéressés qu'à celui de *la divine providence*. L'Antiquité connaît tout au plus une providence divine générale. Elle ne peut pas concevoir que la divinité puisse s'intéresser au singulier, au concret. Mais ce qui est prépondérant, c'est la croyance en

55. *CEC* 302.
56. *Collationes in symbolum apostolorum*.
57. *LG* 2.
58. *CEC* 302.
59. Cit. *CEC* 302.

un *fatum* imposant sa loi aux hommes et aux dieux, un *fatum* auquel personne n'échappe. Le témoignage partout identique de l'Ecriture est d'un autre ordre : « La sollicitude de la divine providence est *concrète* et *immédiate*, elle prend soin de tout, des moindres petites choses jusqu'aux grands événements du monde et de l'histoire[60]. »

S. Thomas l'affirme clairement et sans équivoque : « De même que rien ne peut exister qui ne soit créé par Dieu, de même rien ne peut être qui ne soit soumis à son gouvernement[61]. » C'est là sans conteste la pierre de touche de la foi en la création : accepter que dans son ensemble et dans chacune de ses parties elle soit en tout temps et totalement entre les mains de Dieu : « Notre Dieu, il est dans les cieux, tout ce qui lui plaît, il le fait » (Ps 115, 3).

La foi dans la souveraineté absolue de Dieu est infiniment consolatrice. *Tous* les saints en étaient profondément imprégnés. Le *Catéchisme* présente deux témoignages, ceux des deux premières *femmes docteurs* de l'Eglise. L'un est de sainte Catherine de Sienne : « *Tout* procède de l'amour, tout est ordonné au salut de l'homme, Dieu ne fait rien que dans ce but[62]. » L'autre est le célèbre poème de consolation de sainte Thérèse d'Avila :

> « Que rien ne te trouble / Que rien ne t'effraie
> Tout passe / Dieu ne change pas
> La patience obitent tout / Celui qui a Dieu
> Ne manque de rien / Dieu seul suffit[63]. »

Nous ignorons qui est Dieu, mais nous savons qu'il est. Nous ne savons pas comment la divine providence opère, mais nous savons *que* Dieu conduit tout à son terme.

---

60. *CEC* 303.
61. *Summa theologiae*, Ia, q. 103, a. 5.
62. Cit. *CEC* 313.
63. Cit. *CEC* 227.

Nous ne connaissons pas au préalable les voies de sa providence, mais nous croyons qu'aucun de nos chemins ne lui est étranger. Le pape Pie XII a dit devant des historiens en 1955 : « L'Eglise catholique sait que tous les événements se déroulent selon sa volonté ou la permission de la divine Providence et que Dieu atteint dans l'histoire ses objectifs[64]. »

Nous réfléchirons sur trois aspects de cette vérité grandiose et essentielle qu'est la souveraineté de la divine providence. Ces trois aspects constituent autant de *praefigurationes* de l'Eglise : Dieu cause première avec les causes secondes créées ; la providence et la prière ; la providence et la souffrance.

1) Dieu fait tout, mais ses créatures opèrent elles aussi.

La sainte que le pape Pie XI a appelée « la plus grande sainte de l'époque contemporaine » et qui sera peut-être proclamée docteur de l'Eglise[65], la petite sainte Thérèse, affirme : « Le Bon Dieu n'a besoin de personne (...) pour faire du bien sur la terre[66]. » Mais elle dit également : « Le Dieu Fort aime à montrer sa puissance en se servant du rien[67]. » Et dans une autre lettre : « Jésus n'a besoin de personne pour faire son œuvre[68]. » Mais elle reconnaît ailleurs : « Notre Seigneur (...) se sert des instruments les plus faibles pour opérer des merveilles ![69] »

Dieu agit souverainement. Rien ne lui est impossible (cf. Lc 1, 37 ; Mt 19, 26). La créature peut-elle réaliser quoi que ce soit ? Ou Dieu est-il la seule cause,

---

64. *Documents pontificaux de Pie XII*, 1955, Saint-Maurice, Editions Saint-Augustin, p. 288.

65. N. d. t. : Sainte Thérèse de l'Enfant-Jésus a été proclamée docteur de l'Eglise le 19 octobre 1997.

66. *Manuscrit C*, 3v°, dans *Œuvres complètes*, Paris, Cerf/Desclée de Brouwer, 1992, p. 238.

67. *Lettre 220* du 24 février 1897, *id.*, p. 575.

68. *Lettre 221* du 19 mars 1897, *id.*, p. 580.

69. *Lettre 201* du 1er novembre 1896, *id.*, p. 558.

universelle, opérant par elle-même ? Nous touchons là au fondement le plus profond de la dignité de la créature et tout particulièrement de la dignité humaine, mais aussi à celui de l'Eglise et de son action.

La réponse de S. Thomas est de la plus haute importance : Dieu ne donne pas seulement leur *existence* aux créatures, mais aussi leur *capacité d'agir* chacune à sa manière. C'est en cela précisément que se manifeste le caractère magnifique et inimitable de l'acte créateur. Dieu établit un « être propre » qu'il soutient dans son être propre et son devenir. « Car Dieu ne donne pas seulement à ses créatures d'exister, mais aussi la dignité d'agir elles-mêmes, d'être causes et principes les unes des autres et de coopérer ainsi à l'accomplissement de son dessein[70]. » Cela se manifeste de façon exemplaire dans le cas de la liberté humaine, cette merveille de la création divine. S. Paul dit : « Travaillez avec crainte et tremblement à accomplir votre salut : *aussi bien*, Dieu est là qui opère en vous à la fois le vouloir et l'opération même, au profit de ses bienveillants desseins » (Ph 2, 12-13). Quel paradoxe : *nous* devons agir, car *Dieu* agit en nous ! Il n'est pas possible de comprendre cette interpénétration des libertés divine et humaine en ne recourant qu'à la seule raison. Mais il y a un autre moyen d'y avoir accès.

Une clé est donnée à un endroit surprenant du *Catéchisme* : dans la troisième partie, au chapitre consacré à la société humaine. Nous y lisons : « Dieu n'a pas voulu retenir pour Lui seul l'exercice de tous les pouvoirs. Il remet à chaque créature les fonctions qu'elle est capable d'exercer, selon les capacités de sa nature propre. Ce mode de gouvernement doit être imité dans la vie sociale. Le comportement de Dieu dans le gouvernement du monde, qui témoigne de si grands égards pour la liberté humaine, devrait inspirer la sagesse de ceux qui gouvernent les

---

70. *CEC* 306.

communautés humaines. Ils ont à se comporter en ministres de la providence divine[71]. »

L'enseignement chrétien sur la société trouve sa mesure dans les « mœurs de Dieu ». La manière d'agir de la providence consiste précisément à vouloir et à favoriser l'action personnelle des créatures. *Le principe de subsidiarité* est *une* concrétisation de cette manière de faire de la providence. Le respect de la liberté en est une autre. C'est *là*, dans cette vision d'une liberté humaine portée et voulue par Dieu, que s'enracine *l'humanisme chrétien*. La formulation classique de S. Thomas est claire : « Le gouvernement sera meilleur si une plus grande perfection leur (aux choses gouvernées) est communiquée par celui qui gouverne[72]. » Et S. Thomas d'expliquer : l'enseignant le meilleur est celui qui ne se contente pas d'instruire ses élèves, mais qui en fait aussi des enseignants pour d'autres. Cela signifie que l'activité créatrice et la divine providence atteignent leur sommet quand elles produisent des créatures aussi ressemblantes que possible à leur créateur. Nous retrouvons la doctrine de l'image de Dieu.

Nous pouvons encore le dire ainsi : Dieu se réjouit quand ses créatures agissent de manière autonome. La divine providence atteint sa perfection lorsqu'elle crée des êtres « prévoyants ». Le Créateur resplendit au plus haut point dans *la créature créatrice*. Le Créateur ne sortirait pas grandi d'un rapetissement de ses créatures. S. Thomas s'oppose à une fausse « exaltation » de Dieu en ces termes : « Celui qui réduit la perfection des créatures réduit la perfection de la puissance de Dieu. Celui qui dénie aux créatures un agir propre porte atteinte à la bonté de Dieu[73]. »

---

71. *CEC* 1884.
72. *Summa theologiae*, Ia, q. 103, a. 6.
73. *Contra gentiles*, III, 69.

Celui qui se réjouit au contraire de l'action des créatures, de leur perfectionnement, loue par là le Créateur et sa providence. La simple joie prise à un bon repas, l'étonnement quand réussit un travail manuel, la satisfaction profonde procurée par le succès d'une œuvre personnelle, le saisissement devant un geste d'offrande oublieux de soi : reconnue ou non, la magnificence du Créateur resplendit à travers tout cela dans l'agir des créatures. Celui qui a connu la joie que cela représente sait de quoi je parle. On ne peut se méprendre sur le goût d'une telle joie. L'Eglise est *mater et magistra* d'une telle joie quand elle accepte pleinement son être créé et n'a pas honte des plaisirs des sens procurés par sa foi au Créateur.

Ce qui menace notre époque, c'est une indifférence vague, incapable d'éprouver une telle joie.

Croire au Créateur, cela signifie aussi croire en la grandeur qu'il réclame de la part de ses créatures. La plus grande crise de l'Eglise me paraît résider aujourd'hui en ceci : ne plus oser croire dans le bien que Dieu réalise avec ceux qu'il aime et pour eux (cf. Rm 8, 28). Dans la tradition, les maîtres de vie spirituelle appellent *acédie*, dégoût spirituel, un tel manque de foi spirituel. C'est « l'œdème de l'âme », dont parle Evagre, qui plonge le monde et sa propre vie dans une morne grisaille privant les choses de leur saveur et de leur éclat. La « tristesse » qui est si répandue aujourd'hui dans l'Eglise provient avant tout de ceci : nous ne répondons plus avec générosité à l'invitation de Dieu et n'acceptons plus de lui servir de collaborateurs avec tout ce que nous sommes et que nous avons (cf. 1 Co 3, 9). Pour une créature, il n'y a pas de plus haute réalisation de soi que de servir ainsi sans réserve.

2) La providence et la prière.

Dieu ne nous croit pas seulement capables de liberté et d'agir personnel. Il nous en demande plus que nous pouvons. Il réclame de nous que nous collaborions à *ses* œuvres au-delà de ce que nous sommes en mesure de faire par nous-mêmes.

Citons encore une fois la petite sainte Thérèse qui l'exprime d'une manière incomparablement claire : « Un jour que je pensais à ce que je pouvais faire pour sauver les âmes, une parole de l'évangile m'a montré une vive lumière. Autrefois Jésus disait à ses disciples en leur montrant les champs de blés mûrs : "Levez les yeux et voyez comme les campagnes sont déjà assez blanches pour être moissonnées" (Jn 4, 35), et un peu plus tard : "A la vérité la moisson est abondante mais le nombre des ouvriers est petit ; demandez donc au maître de la moisson qu'Il envoie des ouvriers" (Mt 9, 37-38). Quel mystère !... Jésus n'est-Il pas tout-puissant ? les créatures ne sont-elles pas à celui qui les a faites ? Pourquoi Jésus dit-Il donc : "Demandez au maître de la moisson qu'Il envoie des ouvriers" ? Pourquoi ?... Ah ! c'est que Jésus a pour nous un amour si incompréhensible qu'Il veut que nous ayons part avec lui au salut des âmes. Il ne veut rien faire sans nous. Le créateur de l'univers attend la prière d'une pauvre petite âme pour sauver les autres âmes rachetées comme elle au prix de tout son sang[74]. »

Nous pouvons contribuer à l'œuvre de la divine providence par nos actes. Par la prière, nous pouvons apporter notre contribution à des œuvres plus grandes que toutes celles que nous aurions jamais pu réaliser. « Il ne veut *rien* faire *sans nous* », mais il veut faire des choses plus grandes encore *par nous* et *avec nous.*

Blaise Pascal dit dans ses *Pensées* : « Pourquoi Dieu a établi la prière. 1° Pour communiquer à ses créatures la dignité de la causalité[75]. » S. Thomas explique dans sa longue *quaestio* sur la prière : nous pouvons réaliser

74. *Lettre 135* du 15 août 1892, dans *op. cit.*, pp. 448-449.

75. *Pensées*, 659 (éd. Brunschvicg 513), dans *Œuvres complètes*, Bibliothèque de la Pléiade, Paris, Gallimard, 1954, p. 1296.

beaucoup de choses qui sont en notre pouvoir. Mais nous pouvons aussi réaliser d'autres choses qui ne sont pas à notre portée si nous le demandons à celui qui peut en faire davantage. C'est pourquoi *la prière de demande* est la première forme de prière selon Thomas d'Aquin. Cela montre que nous sommes *dans le besoin*, que nous dépendons de Dieu. Mais c'est aussi reconnaître que Dieu peut effectivement *réaliser* ce que nous ne pouvons que *demander* dans la prière. C'est pourquoi il y a toujours dans la prière de demande un moment d'adoration, de louange et de remerciement envers Dieu.

Mentionnons une fois encore la petite Thérèse. Je pense à sa prière pour celui qu'elle appelle « mon premier enfant », pour Pranzini, qui a commis trois meurtres et dont elle demande la conversion à Dieu, une conversion dont elle est même *certaine dans la totale confiance* qu'elle a en « la miséricorde infinie de Jésus ». Pranzini s'avance vers l'échafaud sans un signe de repentir, mais soudain il saisit le crucifix et « baise par trois fois les plaies sacrées » de Jésus. Fortifiée par ce *signe* qu'elle a demandé, Thérèse se sent dévorée par « la soif des âmes »[76].

Sa prière apporte ainsi une contribution au dessein salvifique de Dieu, plus encore que ses propres actions. Dieu veut que nous coopérions. « Le créateur de l'univers attend la prière d'une pauvre petite âme pour sauver les autres âmes... »

3) La providence et la souffrance.

Je me souviens du moment où, lors de la session extraordinaire du Synode des évêques de 1985 (c'est à cette occasion que le Saint Père a demandé de rédiger le *Catéchisme*), le 28 novembre, le cardinal Tomašek, déjà âgé, prit la parole. Son intervention se termina par ces mots : « *Dobbiamo lavorare per il Regno di Dio, il che è molto ;*

76. Cf. *Manuscrit A*, 45v°-46v°, dans *op. cit.*, pp. 142-145.

pregare per il Regno, il che vale di più ; dobbiamo soffrire con Cristo crocifisso per il Regno di Dio, il che è tutto » (« Nous devons travailler pour le Royaume de Dieu, ce qui est beaucoup ; prier pour le Royaume, ce qui est mieux ; souffrir avec le Christ crucifié pour le Royaume de Dieu, ce qui est tout »). Lorsqu'il eut terminé, tous se levèrent spontanément et applaudirent le témoin de la foi.

Travailler, prier, souffrir : dans cet ordre ! Nous aboutissons au mystère de la souffrance, de la croix. Comment se fait-il que ce soit là « l'alpha et l'oméga » de la collaboration au Royaume de Dieu, à la réalisation du dessein divin ? Quel est le rôle du mal, de la souffrance dans ce dessein ? Comment tout cela a-t-il fait son entrée dans la création qui était bonne ? Pourquoi Dieu l'a-t-il permis ? Et pourquoi le chemin vers l'Eglise comme terme des chemins de Dieu passe-t-il par la croix ? Nous nous poserons sans cesse ces questions au cours de cette retraite. Mais terminons cette première journée consacrée à la création comme *praefiguratio* de l'Eglise, par un texte du cardinal Jean Daniélou : « Dieu ne nous a créés que pour nous faire partager sa béatitude. Si Dieu ne nous avait pas créés pour nous faire éternellement partager sa vie, l'existence n'aurait aucune justification, le monde serait absurde. Ce n'est que dans la foi, et la foi au dessein d'amour de Dieu, que le monde trouve son sens. Le monde n'a de justification que parce qu'en Jésus-Christ il est destiné à la béatitude. C'est la réponse à toutes les objections de ceux qui disent : "Un Dieu bon n'aurait pas pu faire ce monde plein de misères et de drames." Saint Paul répond que c'est à travers tout cela que Dieu cherche et réalisera irrévocablement et ultimement la Cité de ses fils baignée de la lumière de la Trinité[77]. »

---

77. J. DANIÉLOU, *Contemplation croissance de l'Eglise*, collection Communio, Paris, Fayard, 1977, p. 123.

II

L'EGLISE PRÉPARÉE DANS L'ANCIENNE ALLIANCE

1. D'où vient le mal ?

Il n'est pas possible de comprendre le sens de l'Eglise en faisant abstraction du drame du péché. Car c'est seulement sur l'arrière-fond d'une rupture de la communion originelle entre Dieu et l'homme, et des hommes entre eux, causée par la faute, que l'on peut saisir pourquoi le dessein de Dieu – faire participer ses créatures à sa vie – a pris la forme concrète d'une élection et par là d'un choix.

Le cardinal Daniélou dit : « Le dessein de Dieu est traversé par le drame du mal et du péché. Mais si le mal et le péché entravent le dessein de Dieu, ils ne le brisent à aucun degré. Dieu qui avait introduit le premier homme et la première femme dans le paradis, c'est-à-dire dans sa béatitude, poursuit son but à travers le drame du péché en y introduisant le sacrifice de son Fils. Le mystère de la Création devient le mystère de la Rédemption à cause de ce conflit entre le dessein de l'amour et la résistance du mal[1]. »

La « préparation » de l'Eglise commence au moment où, à cause du péché, l'homme perdit l'amitié de Dieu. « Le rassemblement de l'Eglise est pour ainsi dire la réaction de

1. J. DANIÉLOU, *Contemplation croissance de l'Eglise,* collection Communio, Paris, Fayard, 1977, pp. 123-124.

Dieu au chaos provoqué par le péché[2]. » Les chemins qui mènent au nouveau rassemblement de l'humanité constituent le thème des méditations du deuxième jour de notre retraite. Nous considérerons d'abord le drame du péché originel, puis les promesses et les voies du « Protévangile », l'alliance avec Noé et, finalement, l'histoire d'amour de l'Ancienne Alliance, jamais révoquée par Dieu.

Nous nous intéressons ici à des dimensions *toujours présentes* dans l'Eglise et pas seulement à des choses du passé. C'est en effet l'unique et même Eglise, dont les fondements ont été établis lors de la création, qui a été préparée dans l'Ancienne Alliance et sera instituée à la plénitude des temps. Toutes les « strates » de sa constitution restent présentes dans l'Eglise tout au long de son cheminement, comme il en est dans la vie de chacun où coïncident ordre de la création, temps de la préparation et temps de l'accomplissement. Les méditations qui suivent sont consacrées en quelque sorte à *l'avent de l'Eglise*. Puissent ces considérations réveiller en nous *le désir* du Sauveur, aiguiser notre perception des signes de son « avent » dans notre temps, dans la vie des hommes et des peuples !

Le mystère du péché originel (peccatum originale) : « *Unde malum ?* » demande S. Augustin dans les *Confessions*[3]. « D'où vient le mal ? » Aucune recherche humaine ne peut apporter une réponse définitive à cette question fondamentale. « Le mystère de l'impiété » (2 Th 2, 7) ne s'éclaire qu'à la lumière du « mystère de la piété » (1 Tm 3, 16). « Nous devons donc considérer la question de l'origine du mal en fixant le regard de notre foi sur Celui qui, seul, en est le Vainqueur[4]. »

---

2. *CEC* 761.

3. *Confessions*, VII, 7, 11, 2e éd., Paris, Les Belles Lettres, 1941, vol 1, p. 156.

4. *CEC* 385.

La recherche historique ou l'approfondissement philosophique ne peuvent pas se prononcer sur la réalité du péché originel. C'est là une vérité révélée, sur laquelle l'expérience n'a pas de prise, mais qui éclaire et rend plus compréhensibles de nombreuses expériences humaines. Ce n'est qu'à partir du Christ qu'ont pu être mesurées les véritables proportions, toutes les dimensions du péché originel. « Il faut connaître le Christ comme source de la grâce pour reconnaître Adam comme source du péché. C'est l'Esprit-Paraclet, envoyé par le Christ ressuscité, qui est venu “confondre le monde en matière de péché” (Jn 16, 8) en révélant Celui qui en est le Rédempteur[5]. » Une prise de conscience des importantes conséquences du péché originel n'a pu être réalisée qu'à partir du moment où l'on a reconnu que le salut ne se trouve que dans le nom de Jésus et qu'il est le Sauveur de tous les hommes : « Tous ont besoin du salut et (...) le salut est offert à tous grâce au Christ[6]. »

Le *Catéchisme* affirme avec insistance : « L'Eglise qui a le sens du Christ (cf. 1 Co 2, 16) sait bien qu'on ne peut pas toucher à la révélation du péché originel sans porter atteinte au mystère du Christ[7]. »

On aborde ici un point décisif pour notre foi comme pour notre vie : la certitude que l'acte d'obéissance d'*un seul* aura des conséquences pour tous les hommes sans exception, ceux qui ont vécu, qui vivent et qui vivront. Oui, tous sont inclus *dans cet unique*.

Comment est-il possible que l'acte d'*un* homme ait de *telles* conséquences pour *tous* les hommes ? On se trouve là face aux fondements de la doctrine chrétienne du salut. Si la mort et la résurrection du Christ n'ont pas seulement valeur d'exemple, mais sont *l'*acte de réconciliation avec

5. *CEC* 388.
6. *CEC* 389.
7. *Ibid.*

Dieu pour tous les temps, alors cet acte unique doit toucher *tous* les hommes. Sinon comment pourrions-nous dire dans notre prière : « Nous t'adorons oh ! Christ et te bénissons, car tu as racheté le monde *entier* par *ta* croix » ? Ou encore, dans la troisième prière eucharistique : « Par le sacrifice qui nous réconcilie avec toi, étends au *monde entier* le salut et la paix » ? C'est l'universalité du Christ qui est en jeu, le fait qu'il soit l'unique médiateur.

Il ne fait aucun doute que la solidarité humaine ne permet pas de fonder seule l'action de Jésus en faveur des hommes. Dieu l'a institué *Tête* de l'humanité, « tout a été créé par lui et pour lui : Il est avant toutes choses et tout subsiste en lui » (Col 1, 16-17). C'est pourquoi l'humanité tout entière est inclue dans son acte d'obéissance « jusqu'à la mort, et à la mort sur une croix » (Ph 2, 8). C'est pourquoi aussi Dieu peut réaliser par lui son dessein bienveillant, « ramener toutes choses sous un seul Chef, le Christ » (Ep 1, 10), et cela au moyen de l'Eglise, qui est son Corps.

Accepter maintenant que l'acte d'*un seul* homme ait des conséquences néfastes pour *tous* les hommes, est-ce une simple conséquence théologique de ce qui précède ? Reconnaître que nos premiers parents ont accompli un acte *réel*, est-ce du *fondamentalisme* ? C'en serait de prendre à la lettre le langage symbolique même de la Bible. Autre chose est de reconnaître la pertinence et la vérité de la conviction de foi unanime de l'Ecriture : le genre humain forme *une* famille de même nature et d'origine commune[8]. Accepter cela *permet* de comprendre la doctrine du péché originel et d'être certain que *tous* les hommes ont la même dignité.

Mais, pour comprendre le péché originel, il faut encore faire appel à une autre idée biblique fondamentale : dans les premiers parents, en Adam et Eve, tout le genre humain

8. Cf. Gn 3, 20 ; 5, 1-2 ; 1 Ch 1, 1 ; Sg 10, 1 ; Jb 15, 7 ; Si 49, 17 ; Ml 2, 15 ; Tb 8, 6 ; Ac 17, 26.

est « comme l'unique corps d'un homme unique[9] ». Leur vocation n'est pas seulement individuelle, elle inclut *tous* leurs descendants comme les membres d'*un seul* corps. Tout le destin de l'humanité était en jeu dans la mise à « l'épreuve de la liberté[10] » par le commandement de Dieu. C'est pourquoi leur faute personnelle a également atteint toute l'humanité contenue en eux. Et pour la même raison tous les hommes viennent au monde comme *« exules filii Hevae »,* comme enfants d'Eve en exil[11]. Ce que nos premiers parents ont perdu manque à tous leurs enfants. Ce manque, nous l'appelons *le péché originel.*

L'analogie de la foi peut nous aider à comprendre plus profondément l'importance de la vocation d'*un* humain pour *toute* l'humanité. L'Annonciation à Marie fut le moment unique où Dieu mit entre les mains d'*un* humain tout le poids de l'histoire de l'humanité. S. Bernard de Clairvaux a superbement médité sur cet instant dans sa prédication *Missus est angelus Gabriel*[12] : remplie d'espoir, toute la création observe Marie avec une attention soutenue. Elle lui demande de prononcer le oui de l'acquiescement dont dépend le sort de tous les hommes. S. Thomas d'Aquin ajoute : « L'annonciation demandait le consentement de la Vierge représentant toute la nature humaine[13]. »

Le réalisme de ce moment est bien l'analogie de la foi la plus pertinente pour comprendre la vocation des premiers parents. En Marie, c'est le destin de toute la famille humaine qui est très concrètement en jeu.

Nous retrouvons ici une « loi fondamentale » de l'œuvre de Dieu, qui a une grande importance dans l'Eglise : c'est au travers d'hommes *particuliers*, déterminés, que Dieu

9. S. THOMAS, cit. *CEC* 404.
10. *CEC* 396.
11. *Salve Regina.*
12. *Missus est angelus Gabriel*, IV, 8.
13. *« Loco totius humanae naturae », Summa theologiae*, IIIa, q. 30, a. 1 et *CEC* 511.

atteint *tous* les hommes. Le destin de l'humanité ne se réduit jamais à un jeu aveugle de forces anonymes. La création est un héritage destiné à l'homme, elle est un appel lancé par le Créateur à la liberté de ses créatures. C'est pourquoi le destin de la création dépend de manière décisive du libre *oui* des créatures. La doctrine du péché originel confirme (avec la doctrine de la Rédemption) le fait que l'histoire est toujours l'histoire d'une liberté qui s'offre ou qui se refuse. La doctrine du péché originel est le meilleur rempart de *la doctrine chrétienne de la liberté.*

Voir dans le péché originel un acte libre et réel des premiers parents, c'est en même temps reconnaître leur existence effective. L'histoire ne peut rien nous en dire. Ni l'archéologie ni la paléontologie ne pourront la découvrir. Notre regard obscurci par le péché originel, troublé, ne peut pas apercevoir la splendeur originelle de leur existence d'humains vivant dans l'amitié de Dieu.

Nous entrevoyons quelque chose de cette splendeur originelle dans la vie des saints. Mais nous ne connaissons pas d'humains qui ne soient marqués par la cicatrice défigurante de la faute. Marie est la seule exception. « *Tota pulchra es, Maria* », chante la liturgie (comment ne pas penser ici aux incomparables motets de Bruckner). C'est là l'un des sens du dogme de *l'Immaculée* : par-delà d'innombrables générations, nous apercevons en Marie le visage de la femme telle qu'elle a été créée par Dieu : Marie, la Mère de tous les vivants. Faut-il y voir l'une des raisons de l'attirance irrésistible exercée par Marie partout sur la terre ?

Le dogme du péché originel est donc d'une importance inestimable pour toute l'élaboration théologique. Il serait important de le démontrer en détail, dans différents domaines de la doctrine de la foi. Il faudrait renvoyer à l'anthropologie, dans le sens de cette célèbre affirmation de Pascal : « Certainement rien ne nous heurte plus rudement que cette doctrine ; et cependant, sans ce mystère, le plus incompréhensible de tous, nous sommes incompréhensibles à nous-mêmes[14]. »

Il faudrait aussi mettre en évidence l'importance de la doctrine du péché originel pour la compréhension de ce qui est dit de la société, comme cela a été fait dans *Centesimus annus* : « L'ordre social sera d'autant plus ferme qu'il tiendra davantage compte de ce fait[15]. » Les remarquables volumes de mémoires rédigés par Nadejda Mandelstam[16] montrent tout le malheur engendré par les idéologies qui promettaient un paradis terrestre.

J'aimerais évoquer expressément ce *seul* aspect : l'étroite relation qui existe entre *le dogme du péché originel* et *la compréhension de l'Eglise.* J'emprunte la longue citation qui suit à Robert Spaemann : « Le concept de "Peuple de Dieu", mis en valeur depuis Vatican II, peut à mon avis permettre de renouveler notre compréhension du péché originel. La conscience qu'il existe une solidarité dans l'aide s'est faite plus vive : la conscience que personne ne peut devoir son salut qu'à lui-même. Nous devons *tous* notre salut au sacrifice du Christ. Nous avons tous besoin du salut, car nous sommes tous impliqués dans la faute. Mais ce n'est pas parce qu'il y aurait une sorte de communion solidaire dans la faute qu'il y a implication collective. Au contraire, il y a implication collective parce que *l'humanité a cessé d'être une communauté solidaire* en raison d'une faute originelle. "Vous qui jadis n'étiez pas un peuple" (1 P 2, 10), dit S. Pierre, et Isaïe, cité par le même Pierre : "Tous comme des moutons, nous étions errants, chacun suivant son propre chemin" (Is 53, 6). Le péché originel n'est pas une "qualité" que chacun recevrait de ses parents. Il est au contraire un manque, manque

---

14. *Pensées*, 438 (éd. Brunschvicg 434), dans *op. cit.*, pp. 1207-1208.

15. Lettre encyclique *Centesimus annus*, 25.

16. Nadejda MANDELSTAM, *Contre tout espoir*, 3 tomes, Paris, Gallimard, 1972, 1974 et 1975.

d'une qualité dont il aurait dû être pourvu. Cette qualité absente, c'est l'appartenance à une communauté de salut. L'humanité n'est plus une communauté de salut de ce genre. Pour un homme ou une femme, naître ne signifie plus être introduit dans une communauté de salut, un peuple de Dieu. S'agissant d'une qualité que chacun doit acquérir individuellement, on peut se demander pourquoi quelqu'un en serait dépourvu par la faute d'un autre. Mais l'appartenance à un peuple de Dieu porteur du salut ne peut pas être transmise quand ce peuple n'existe pas. On pourrait voir dans le péché originel l'état de non-appartenance originelle au peuple de Dieu. L'appartenance au nouveau peuple de Dieu n'est pas acquise de naissance, mais par la foi et les sacrements. Certes, en puissance, le nouveau peuple de Dieu recouvre l'ensemble de l'humanité. Mais, dans les faits, il est tiré de celle-ci. C'est pourquoi l'apôtre Pierre commence à prêcher en lançant : "Sauvez-vous de cette génération dévoyée" (Ac 2, 40)[17]. »

Cette manière de voir le péché originel est tout à fait fidèle à la pensée centrale de la doctrine du peuple de Dieu du Concile, dont voici les premiers mots : « A toute époque, à la vérité, et en toute nation, Dieu a tenu pour agréable quiconque le craint et pratique la justice (cf. Ac 10, 35). Cependant il a plu à Dieu que les hommes ne reçoivent pas la sanctification et le salut séparément, hors de tout lien mutuel ; il a voulu au contraire *en faire un peuple* qui le connaîtrait selon la vérité et le servirait dans la sainteté[18]. »

Nous étudierons dans les méditations qui suivent les « étapes » de cette constitution d'un peuple, de cette formation de la *familia Dei*.

---

17. Cf. SCHÖNBORN-GÖRRES-SPAEMANN, *Zur kirchlichen Erbsündenlehre*, Freiburg, Johannes Verlag Einsiedeln, 1991, pp. 63-64.

18. *LG* 9.

2. Le Protévangile

« Père très saint, nous proclamons que tu es grand et que tu as créé toutes choses avec sagesse et par amour : tu as fait l'homme à ton image, et tu lui as confié l'univers, afin qu'en te servant, toi son Créateur, il règne sur la création. Comme il avait perdu ton amitié en se détournant de toi, tu ne l'as pas abandonné au pouvoir de la mort. Dans ta miséricorde, tu es venu en aide à tous les hommes pour qu'ils te cherchent et puissent te trouver[19]. »

Notre situation témoigne de ces deux vérités : nous avons tous été soumis à « la puissance de la mort » et Dieu reste pourtant fidèle à *lui-même* et à *nous*. Notre situation est *pitoyable*, mais la *pitié* de Dieu trouve le moyen de nous aider à le chercher et à le trouver.

Trois « étapes » de cette quête et de cet aboutissement constitueront les thèmes de notre méditation : « le Protévangile », l'alliance avec Noë, l'élection d'Israël. D'un point de vue chrétien, il ne s'agit pas seulement là d'événements passés, appartenant à la préhistoire de l'Eglise, mais de réalités qui demeurent, même si elles trouvent un nouvel accomplissement dans l'Eglise de la Nouvelle Alliance. Ces considérations sont d'autant plus importantes que l'Eglise elle-même est encore *in statu viae,* en pèlerinage, et cela au milieu d'un monde qui n'est de loin pas encore un *mundus reconciliatus* et n'a pas rejoint sa patrie dans la *familia Dei.*

La mentalité scientifique rationnelle peut bien voir dans le récit du péché originel et de ses conséquences (Gn 3) un conte mythique lié à une « vision du monde primitive ». Et pourtant, plus nous lisons ces textes et réfléchissons sur l'existence humaine, plus nous découvrons à notre grand étonnement à quel point « la Révélation a raison (...),

---

19. Prière eucharistique IV.

même quand (ses assertions) semblent insensées à la science[20] ».

Nous étudierons trois aspects essentiels de la vie humaine : le travail, selon le jugement de Dieu sur l'homme ; la relation entre les sexes, selon le jugement sur la femme ; le combat entre le bien et le mal, selon le jugement sur le serpent. Dans les trois domaines apparaît un profond dérèglement des relations humaines, mais aussi une promesse, un « premier Evangile ». Comme chrétiens et tout particulièrement comme pasteurs, il nous revient de considérer les événements, l'histoire, le présent, la situation de l'homme *à la lumière de la Révélation* dont Romano Guardini dit qu'elle est « seule à savoir[21] ». Seul un regard serein sur ce que dit de l'homme déchu le troisième chapitre de la Genèse nous permet de comprendre pourquoi *la croix* était nécessaire, pourquoi le monde et tout homme a besoin de la Rédemption. Mais nous découvrirons aussi que le mystère de la grâce est à l'œuvre depuis le début de l'histoire de l'humanité déchue.

1) « Parce que (...) tu as mangé de l'arbre dont je t'avais interdit de manger, maudit soit le sol à cause de toi ! A force de peine tu en tireras subsistance tous les jours de ta vie. Il produira pour toi épines et chardons (...) jusqu'à ce que tu retournes au sol, puisque tu en fus tiré. Car tu es glaise et tu retourneras à la glaise » (Gn 3, 17-19).

Rien à voir avec l'optimisme des tenants du progrès ! Un travail pénible, tel est le lot de l'homme. Ses récoltes sont maigres, « épines et chardons ». Et à la fin, il y a la mort. Pessimisme ? N'est-ce pas plutôt, à la fin de *ce* siècle tout particulièrement, une invitation à renoncer à l'idéologie délirante du progrès ?

---

20. R. GUARDINI, *Le Commencement de toutes choses. Méditations sur Genèse I-III*, Paris, Cerf, 1968, p. 106.
21. *Id.*, p. 18.

La perte de l'amitié avec Dieu entraîne avec elle la perte du rapport de confiance qui liait l'homme à « la terre », au monde. La terre devient étrangère à l'homme, elle devient une ennemie. Quant à lui, il transmet son angoisse au monde, il impose à la nature sa volonté malade et rebelle, devenant ainsi le destructeur d'une terre qu'il aurait dû « cultiver et garder » (Gn 2, 15). Mais en même temps il se retrouve lui-même asservi : la nature qu'il croit dominer se venge et devient une menace. Le pire lui échoira toujours : le dernier mot, c'est toujours la mort qui le prononce.

La situation n'est-elle pas meilleure en ce qui concerne la culture ? L'humanité n'a-t-elle pas accompli de grandes choses dans la courte période de l'histoire qui nous est connue ? N'avons-nous pas raison de célébrer les réalisations de la science, de l'art et de la culture des deux ou trois derniers millénaires ? Et pourtant, objectivement et en ne se laissant pas impressionner par l'idéologie du progrès, ici aussi « les épines et les chardons » ne manquent pas. Quelle misère se cache derrière toutes les réalisations culturelles ? Il n'y a pas une œuvre humaine qui n'ait sa part d'ombres. Qui peut mesurer la misère des esclaves qui ont construit les pyramides ? Qui pense au Goulag, à tous ceux qui ont payé de leur vie « l'édification du socialisme »[22] ? Mais cela vaut aussi pour les temps de paix. Pour combien d'hommes le travail quotidien est-il réellement un « accomplissement de leur être d'homme », servant au développement de leur personnalité ? Le quotidien est plein d'épines, la lutte pour obtenir un travail pénible, la perte de l'emploi amère et difficile à supporter.

Et les plus grandes réalisations de la culture ne portent-elles pas elles aussi leur part de peine, de souffrance et de faute ? Ne sont-elles pas ambiguës, quelle que soit leur grandeur ? Aussi magnifique que soit la basilique Saint-

---

22. Cf. A. SOLJENITSYNE, *L'archipel du Goulag*, éd. nouvelle revue et augmentée par l'auteur, Paris, Fayard, 1991 (*Œuvres*, t. 4).

Pierre de Rome, l'œuvre porte en elle la plaie de la Réforme, de la division de la foi, ce qui trouble la joie que l'on peut éprouver à la vue de sa splendeur. Combien d'œuvres inachevées, non abouties, combien d'échecs à côté des réussites et des succès ! Que de peines oubliées dans les livres qui restent fermés dans les bibliothèques, que de peines pour lesquelles personne n'a dit merci dans l'ouvrage des travailleurs de l'ombre, des fonctionnaires, des mères !

Et pourtant, il y a aussi une bénédiction de Dieu, un « Protévangile » qui reste à jamais valable dans le fait de devoir travailler. Le pape Paul VI a évoqué à Nazareth « la loi sévère et rédemptrice du labeur humain[23] ». « Et pourtant, avec toute cette fatigue – et peut-être, en un certain sens, à cause d'elle – le travail est un bien de l'homme. (...) Il est un bien "digne", c'est-à-dire qu'il correspond à la dignité de l'homme, un bien qui exprime cette dignité et qui l'accroît. (...) Le travail est un bien de l'homme – il est un bien de son humanité – car, par le travail, l'homme (...) "devient plus homme"[24]. » C'est pourquoi l'application et l'ardeur au travail peuvent être des vertus entraînant l'homme à faire le bien.

Le travail réunit des hommes, les lie en vue d'un ouvrage commun, contribuant ainsi à bâtir une communauté. Il est vrai que la doctrine du péché originel nous rappelle que cette coopération à l'édification de la communauté n'est pas un processus qui va de l'avant sans accroc. Chaque génération, chaque individu doit à nouveau se plier au joug du travail en luttant contre l'indolence et le dégoût. Il n'y aura jamais de « paradis sur terre » où sera dépassé ce combat avec soi-même, cette croix du labeur et de l'ouvrage. Le travail n'est assurément pas non plus un supplice de Sisyphe. « Il peut aussi être rédempteur. En

23. *CEC* 533.
24. JEAN-PAUL II, Lettre encyclique sur le travail *Laborem exercens* 9, 3.

endurant la peine du travail en union avec Jésus, l'artisan de Nazareth et le crucifié du Calvaire, l'homme collabore d'une certaine façon avec le Fils de Dieu dans son Œuvre rédemptrice[25]. »

2) Voici le jugement que Dieu prononce au sujet de la femme : « Je multiplierai les peines de tes grossesses, dans la peine tu enfanteras des fils. Ta convoitise te poussera vers ton mari et lui dominera sur toi » (Gn 3, 16).

Le bouleversement introduit par le péché dans les relations entre homme et femme est encore plus grave que celui qui s'est produit dans le domaine du travail et de l'activité humaine. La doctrine du péché originel est plus nécessaire *ici* qu'ailleurs pour se faire une idée de la véritable origine de ce bouleversement. La physiologie et la psychologie, la sociologie et l'histoire ont permis de mieux comprendre les nombreuses causes des difficultés rencontrées dans les relations entre les sexes. Mais la véritable racine est plus profonde. « La guerre des sexes » résulte finalement du traumatisme du péché originel.

La première infidélité envers Dieu a un impact durable sur les relations entre hommes et femmes. Les quelques lignes de la Genèse sont d'une profondeur et d'une vérité insondables : le péché originel ne crée pas une solidarité entre les pécheurs. L'infidélité envers Dieu fait des hommes des *traîtres les uns envers les autres*. Au lieu de se protéger des autres pour résister à la tentation, ils s'entraînent les uns les autres à pécher. Au lieu de porter les fardeaux les uns des autres, de tendre au repentir et de reconnaître ensemble leur faute, ils s'accusent réciproquement. « Sans cesse l'homme et la femme laissent l'autre seul et, si étroitement unis, ils peuvent être à côté l'un de l'autre plus solitaires que des étrangers[26]. »

25. *CEC* 2427.
26. R. GUARDINI, *op. cit.*, p. 125.

Convoiter et *dominer*, éprouver du désir l'un pour l'autre et chercher à avoir le dessus sur l'autre sont deux attitudes inséparablement liées. « Ainsi naît l'énigmatique lutte des sexes, amère comme aucune autre, car elle est mêlée de haine au centre le plus intime du désir, d'aversion dans la proximité la plus proche[27]. »

Le joug de la femme est particulièrement écrasant, même là où la médecine, la technique, la vie moderne ont grandement amélioré sa situation extérieure. De nouvelles servitudes, plus subtiles, ont remplacé les anciennes. Ce serait une erreur fatale de croire que le progrès puisse peu à peu briser tous les jougs et apporter une libération totale.

L'espoir est ailleurs : dans le joug lui-même, que Dieu n'a pas seulement imposé à l'homme et à la femme en guise de châtiment, mais aussi pour leur guérison et leur salut.

S. Augustin appelle le mariage *remedium concupiscentiae*. En prenant un peu de liberté, on peut l'interpréter de cette manière : la première conséquence du péché originel, c'est la concupiscence, « l'inclination au mal[28] ». Celle-ci se manifeste avant tout comme « attachement passionné à soi », prêt à mettre l'autre à son service. Le joug du mariage est un remède contre l'attachement à soi. L'autre doit *être reconnu, pris au sérieux, accepté*. C'est ainsi que le cœur fermé sur soi s'ouvre à autrui. Cela vaut tout particulièrement encore une fois pour la maternité, pour le don d'un enfant, grâce auquel les parents peuvent se dépasser eux-mêmes.

A quel point se vérifie dans le cas du mariage, au long des siècles, des millénaires que compte l'humanité, ce que dit la quatrième prière eucharistique : « Dans ta miséricorde, tu es venu en aide à tous les hommes pour qu'ils te cherchent et puissent te trouver » ! On disait dans l'ancienne bénédiction solennelle de l'épouse : « Dieu, par

27. *Id.*, p. 126.
28. *CEC* 405.

qui la femme est jointe à l'homme et (par qui) leur communauté de vie ordonnée dès les origines se trouve gratifiée d'une bénédiction telle qu'elle fut la seule à n'avoir été retirée ni par la peine due au péché originel, ni par le châtiment du déluge, regarde avec bonté ta servante ici présente[29]. » Mais il faut de la patience et le secours de la grâce pour guérir les profondes blessures causées par le péché originel dans la relation entre homme et femme.

3) *Un dur combat.* On appelle « Protévangile » les promesses faites par Dieu lorsqu'il a maudit le serpent : « Je mettrai une hostilité entre toi et la femme, entre ton lignage et le sien. Il t'écrasera la tête et tu l'atteindras au talon » (Gn 3, 15).

Un combat est certes annoncé, mais aussi une victoire. La doctrine du péché originel nous fait comprendre que la situation est dramatique, que « le monde entier gît au pouvoir du Mauvais » (1 Jn 5, 19). Le Concile a ces paroles claires et pressantes : « Un dur combat contre les puissances des ténèbres passe à travers toute l'histoire des hommes ; commencé dès les origines, il durera, le Seigneur nous l'a dit, jusqu'au dernier jour. Engagé dans cette bataille, l'homme doit sans cesse combattre pour s'attacher au bien ; et non sans grands efforts, avec la grâce de Dieu, il parvient à réaliser son unité intérieure[30]. »

Nous avons trop oublié aujourd'hui que la vie humaine tout entière est un combat, ce qui vaut également, et d'une manière particulière, pour la vie chrétienne. S. Augustin a écrit un *De agone christiano*[31]. Ce n'est pas pour rien que les Pères ont repris l'enseignement grec sur les vertus cardinales. Ils voyaient dans la prudence, la justice, la force et

29. Aujourd'hui, Bénédiction nuptiale IV.

30. *GS* 37, 2 ; cit. *CEC* 409.

31. *Le combat chrétien*, dans *Œuvres de saint Augustin* 1, I (Bibliothèque augustinienne), 2e éd., Paris, Desclée, De Brouwer et Cie, 1949, pp. 369-435.

la tempérance des remèdes contre la concupiscence qui ne disparaît pas au baptême. Aujourd'hui, tant de vies s'en vont à vau-l'eau, particulièrement dans les ex-pays communistes, mais aussi dans le riche Occident. C'est pourquoi il faut remettre à l'honneur *les simples vertus* susceptibles de redonner peu à peu un visage *humain* à nos vies. Nous nous retrouvons aujourd'hui dans une situation semblable à celle qu'a connue S. Paul lorsque, dans un environnement païen, il a dû apprendre aux premiers chrétiens les vertus *humaines* élémentaires. C'est là l'*humus* humain. Ces vertus forment l'*humanum* sur lequel peut se développer la vie théologale, la vie *chrétienne* à proprement parler. « Tout ce qui est vrai, tout ce qui est digne, tout ce qui est juste, tout ce qui est pur, tout ce qui est aimable, tout ce qui a bon renom, s'il est quelque vertu et s'il est quelque chose de louable, que ce soit pour vous ce qui compte » (Ph 4, 8)[32]. Le véritable progrès humain consistera toujours en ceci : cultiver cet *humus* d'authentique humanité, le préserver de l'érosion et le reconstituer patiemment, avec le courage que procure l'espérance, là où il a été détruit (dans le sillage notamment des guerres, des idéologies, des régimes du XXe siècle qui ont méprisé l'homme).

Ce combat, qui n'aura pas de fin tant que se poursuivra l'histoire du monde, est une *praeparatio Ecclesiae*, une manière d'inciter les hommes à faire le bien et à bâtir une communauté. Car il n'y a que le bien qui unisse, alors que le péché divise et sépare. Origène affirme : « Où se trouve le péché, là aussi la multiplicité, là le schisme, là l'hérésie, là le conflit ; mais où se trouve la vertu, là aussi l'unité, là l'union qui faisait que tous les croyants n'avaient qu'un corps et une âme[33]. » Parce qu'il est le *« magister interior »*, le maître intérieur des cœurs, la lumière qui

32. Cit. *CEC* 1803.
33. *Homiliae in Ezechielem*, 9, 1 ; cit. *CEC* 817.

éclaire tout homme, *le Christ* est le guide caché, le maître de ce combat (cf. Jn 1, 9). C'est ainsi qu'il rassemble son peuple, qu'il prépare l'Eglise.

3. L'alliance avec Noé

« Tu as multiplié les alliances avec eux (les hommes) » : c'est ce que nous confessons dans la quatrième prière eucharistique.

Dieu a créé le monde en vue de l'Alliance, en vue de l'Eglise. La rupture causée par la faute n'a pas détruit le projet de Dieu, elle n'a fait que modifier les chemins de sa réalisation. Ce que le péché brise, ce qu'il sépare doit être rassemblé à nouveau au moyen des alliances de Dieu avec les hommes. Ce « mouvement de rassemblement » est précisément l'Eglise. Elle a été *préparée dans l'Ancienne Alliance*, préparée elle-même par l'alliance avec Noé.

Il est particulièrement important d'étudier cette *première* alliance, *la plus ancienne*, à un moment où se pose avec force la question de l'importance des religions non chrétiennes. C'est *là* l'une des bases de *la vision chrétienne des religions*, qui montre quelle est leur signification dans l'histoire du salut. Mais la *théologie politique* y trouve elle aussi des repères importants, qu'il s'agisse de découvrir à la lumière de la Révélation le sens des efforts entrepris pour réaliser *l'unité* politique *de l'humanité* ou de la multiplicité de peuples, de langues, de races et de tribus. Nous ne pouvons aborder toutes ces questions importantes que brièvement, en laissant à chacun le soin d'y réfléchir personnellement.

1) Une étude du « Protévangile » montre déjà ce qui apparaît encore plus clairement aujourd'hui : c'est *précisément par le biais de ces blessures* que Dieu soigne les blessures du péché. La difficulté du travail devient un

moyen de *pénitence*, un remède. Dieu transforme les souffrances de la grossesse, la difficulté des relations entre hommes et femmes en « remèdes contre la convoitise », contre l'attachement coupable à soi. La vulnérabilité à l'égard du mal héritée du péché originel, *l'inclination au mal* deviennent le lieu du combat pour le bien[34].

De nouvelles dimensions de la déchéance engendrée par le péché originel apparaissent dans *l'alliance avec Noé*, mais aussi leur transformation en moyens de salut.

« La terre se pervertit au regard de Dieu et elle se remplit de violence » (Gn 6, 11). La description de la cascade de violence, qui va du meurtre de son frère par Caïn à la vendetta septante-sept fois renouvelée de Lamek (cf. Gn 4, 24), n'a rien perdu de son actualité. Les actes de violence et les meurtres – de la guerre menée contre les faibles, contre les enfants non encore nés et les vieillards sans défense, à l'annihilation de l'humanité rendue désormais possible par la bombe atomique – n'ont jamais été aussi nombreux.

Tout au long de l'histoire du salut, Dieu répond toujours de la même manière : *en élisant un unique ou un petit nombre d'hommes* par lesquels il opère le salut et répand sa bénédiction *sur tous*. Il n'est pas possible de comprendre ce qu'est l'Eglise sans faire appel au mystère de *la substitution*. L'élection du juste Noé et des siens devient ainsi un archétype de l'Eglise. Les Pères et la liturgie ont étudié dans le détail le thème de *l'arche* comme symbole de l'Eglise. Nous en reparlerons.

Mais Noé est d'abord l'incarnation du *juste païen*. C'est le prophète Ezéchiel qui le nomme ainsi, avec Job et Danel dont c'est la seule mention (cf. Ez 14, 14)[35]. L'Ancien Testament connaît et honore certaines grandes figures des « nations », c'est-à-dire païennes : Melchisédech, le roi de

---

34. Cf. *CEC* 1264.
35. Cit. *CEC* 58.

Salem, est l'une d'elles. Toutes appartiennent à *l'alliance avec Noé*, qui constitue d'une certaine manière *l'espace des religions de l'humanité*. En honorant ces « saints païens », l'Eglise confère une certaine validité à leur culte et aux célébrations qui leur sont dédiées.

Le sacrifice de Noé, présenté sur l'autel qu'il a lui-même élevé, plaît à Dieu. C'est à la suite de ce geste que Dieu promet le maintien de l'ordre cosmique : « Tant que durera la terre, semailles et moisson, froidure et chaleur, été et hiver, jour et nuit ne cesseront plus » (Gn 8, 22). Et Dieu scelle son alliance avec l'humanité et toute vie par le signe de l'arc-en-ciel (Cf. Gn 9, 12-17). Ce lien entre le culte et l'ordre cosmique montre que Dieu est véritablement honoré (*religio*) par les religions de l'humanité et qu'il leur répond par ses bienfaits. La figure de Melchisédech le prouve une fois encore, tout comme les sacrifices et les prières du païen Job. Si la religion des justes païens a une dignité telle qu'elle peut annoncer le Christ, c'est assurément parce que le Christ et sa grâce agissent en eux de manière cachée. On ne peut pas affirmer à partir de ces exemples que toutes les religions se valent. Ce qu'ils montrent, c'est qu'il y a des *semina Verbi*, « des semences du Verbe[36] » partout où des hommes comme Noé, Melchisédech ou Job servent Dieu dans la justice et l'honorent fidèlement. Cela signifie aussi que les religions doivent prendre parti pour ou contre le Christ, que leur situation a changé depuis sa venue. « Les temps de l'ignorance » ont passé, dit S. Paul (Ac 17, 30). « Dieu fait maintenant savoir aux hommes d'avoir tous et partout à se repentir, parce qu'il a fixé un jour pour juger l'univers avec justice, par un homme qu'il y a destiné, en offrant à tous une garantie en le ressuscitant des morts » (Ac 17, 30-31).

Depuis que nous sommes entrés dans « la plénitude des temps », les religions sont *en crise* et le rire qu'inspire aux

---

36. Décret sur l'activité missionnaire de l'Eglise *Ad gentes*, 11.

Athéniens la résurrection des morts en est déjà un indice. « Le dialogue avec les religions » ne peut pas faire abstraction du fait que « déjà les derniers temps sont arrivés parmi nous[37] ». S'il est vrai que « l'Eglise catholique ne rejette rien de ce qui est vrai et saint dans ces religions[38] », encore faut-il poser sérieusement cette question : dans quelle mesure leur oui ou leur non au Christ ne doit-il pas être aujourd'hui déterminant ? Cette question se pose d'une manière particulièrement pressante pour l'islam, qui oppose un non si catégorique à la filiation divine, à la croix et à la résurrection de Jésus, même si ce non n'est pas sans rapport avec les péchés et les divisions des chrétiens.

Plus la mission confiée par le Seigneur – faire *des disciples de toutes les nations* (Mt 28, 19) – est urgente, plus le feu de l'Esprit Saint doit brûler dans le cœur des disciples de Jésus : « *Caritas Christi urget nos* », « l'amour du Christ nous presse » (2 Co 5, 14).

2) A propos de l'alliance avec Noé, une autre réflexion s'impose. Elle concerne *le rôle de la multiplicité des peuples, des langues et des races dans le dessein salvifique de Dieu.* N'est-il pas étrange que le Seigneur demande aux Apôtres de faire « des disciples de toutes les *nations* » (Mt 28, 19) ? Il ne suffit pas de dire que cela signifie « tous les hommes », même si ce sens est inclus dans le texte. L'Apocalypse de S. Jean applique au Christ le titre de « Roi des *nations* » (Ap 15, 3) et fait cette promesse : « Tous *les païens* viendront se prosterner devant toi » (Ap 15, 4). Qu'est-ce que cela signifie pour l'Eglise, qui réunira, lorsqu'elle sera achevée, une foule innombrable « de toute *nation*, *race*, *peuple* et *langue* » (Ap 7, 9), une foule qu'elle rassemble d'une certaine manière

37. *LG* 48, 3.

38. Déclaration sur les relations de l'Eglise avec les religions non chrétiennes *Nostra aetate,* 2, 2.

maintenant déjà ? Les justes seront-ils tout simplement tirés individuellement de la masse des peuples pour être sauvés ? Mais comment se fait-il alors que lors du jugement dernier « *toutes les nations* » seront rassemblées devant le Fils de l'homme (Mt 25, 32) ? Comment se fait-il aussi que dans la Jérusalem céleste « *les nations* marcheront à sa lumière » et que leurs trésors seront transportés dans la cité de Dieu (Ap 21, 24-26) ?

Que signifient pour l'Eglise « le mouvement de rassemblement » de Dieu, *les nations* et leurs trésors (c'est-à-dire leurs cultures, leurs langues, leurs expériences) ?

La grande « table des peuples » de Genèse 10 montre que les nombreux peuples de la terre ont une *origine commune*, qu'ils forment véritablement *une* famille. Mais la faute devait aussi briser cette unité. L'édification de la tour de Babel (en Genèse 11) est présentée comme une tentative de la part de l'humanité déchue de restaurer *elle-même* l'unité, de démontrer et d'accroître *sa* propre force sans Dieu et contre lui[39]. *Dieu punit* l'*hybris* des hommes en les dispersant sur toute la terre et en confondant leurs langues.

Mais cela signifie également que les hommes ne sont pas du tout en mesure de restaurer *par eux-mêmes* l'unité. Ils ne peuvent pas révoquer la séparation des langues et des peuples. Là où ils essaient de le faire surgit un Etat totalitaire, tendant à étendre sa domination sur le monde entier, ce qui a fait l'objet de tentatives répétées[40]. Il faut pourtant dire que la punition de Dieu est aussi salutaire. *Dieu n'abandonne personne au pouvoir de sa nature déchue*. Le châtiment de la dispersion, de la *diaspora* des peuples, est en même temps *la voie de la guérison*, une *chance de sanctification*. Le dessein originel de Dieu – faire de l'humanité sa famille – se sert maintenant de la solidarité des peuples et des langues, des nations et des

39. Cf. *CEC* 398.
40. J. RATZINGER, *Die Einheit der Nationen*, Salzburg, 1971, pp. 20 ss.

tribus *pour préparer son Eglise.* S. Paul en a parlé à l'Aréopage : « Si d'un principe unique il a fait tout le genre humain pour qu'il habite sur toute la face de la terre ; s'il a fixé des temps déterminés et les limites de l'habitat des hommes, c'était afin qu'ils cherchent la divinité pour l'atteindre, si possible, comme à tâtons et la trouver ; aussi bien n'est-elle pas loin de chacun de nous » (Ac 17, 26-27).

Il est vrai qu'il s'agit là de dispositions provisoires. A l'exception du *peuple élu* que Dieu a choisi pour qu'il lui appartienne, aucun peuple, aucune culture, aucune langue n'a obtenu la garantie d'une existence éternelle.

Quelle est *la particularité des peuples* des nations ? Aussi importants soient-ils, ce n'est ni la langue ni la culture ni le territoire qui déterminent seuls ce qui est le propre d'un peuple. Une première réponse affirme que ce qui importe, c'est *la communauté de destin, l'histoire commune.* L'Ecriture montre qu'il ne s'agit pas seulement là d'une réalité empiriquement perceptible. Elle déclare en effet que chaque nation est confiée à la garde d'un *ange*[41] et elle fait mention des richesses, des trésors et de l'héritage des nations qui doivent être apportés pour l'enrichissement du peuple de Dieu[42].

Aimer sa patrie, être prêt à servir son pays, défendre la culture et la langue de son peuple : tout cela est une *praeparatio Ecclesiae* et a sa place dans l'Eglise[43].

Malheureusement, les peuples n'ont pas qu'un ange gardien. Ils ont aussi leurs démons. L'orgueil national, le mépris des « barbares », la xénophobie, la divinisation de sa propre puissance : le caractère démoniaque d'une nation sans Dieu est apparu en plein jour au cours de ce siècle !

---

41. Cf. *CEC* 57.
42. Cf. Is 60, 7-11 ; Ag 2, 7 ; Ap 21, 24-26.
43. Cf. *CEC* 2239 et 2310.

Nous oublions trop facilement que nos pays de vieille chrétienté ont été « exorcisés » durant des siècles, qu'ils ont parcouru en tant que communauté et dans leurs membres individuels le chemin de la conversion, de la pénitence, de la grâce et de la sanctification. Durant des décennies, S. Antoine a combattu les démons d'une « culture de la mort » dans les tombeaux d'Egypte. Combien de vies chrétiennes et d'efforts faudrait-il pour insuffler dans nos pays l'esprit de l'Evangile dont ils vivent d'ailleurs encore en partie aujourd'hui ! Et les idolâtries d'Etat de notre siècle ne sont-elles pas le retour, dans la maison qui avait été nettoyée, des démons expulsés, si bien qu'à la fin la situation est pire qu'avant, qu'au temps du paganisme (cf. Mt 12, 44-45) ?

L'Eglise ne peut jamais s'identifier à *une* nation, elle n'est pas une Eglise nationale. Et pourtant elle possède un caractère propre, inimitable *dans* chaque nation. Cela n'apparaît jamais aussi manifestement que dans la vie des *saints*. Qui pourrait être plus Français que la petite sainte Thérèse, plus Anglais que Thomas More, plus Espagnol qu'Ignace, plus Italien que Catherine ou François ? Et pourtant, aucun d'entre eux n'est *qu'un* « saint national ». Et tenter de « détourner » un saint à des fins nationalistes (Jeanne d'Arc par exemple), c'est lui être totalement infidèle.

Un peuple, une nation ne trouve son identité qu'en découvrant le Christ. C'est lui qui a reçu du Père « les nations pour héritage » (Ps 2, 8). Lorsqu'il fait son entrée dans un peuple par le biais de l'évangélisation (« De *toutes* les nations faites des disciples »), il vient « chez lui » (Jn 1, 11). Car le Seigneur a préparé ce peuple à le recevoir longtemps avant que l'Evangile ait été annoncé. *Sa grâce a devancé les messagers de l'Evangile.* Une vision surprenante en témoigne. Le Seigneur dit à l'apôtre Paul au début de sa mission à Corinthe : « Sois sans crainte. Continue de parler, ne te tais pas. Car je suis avec toi, et personne ne mettra sur toi la main pour te faire du mal, parce que *j'ai à moi un peuple nombreux* dans cette ville » (Ac 18, 9-10).

4. L'Ancienne Alliance

Nous posons le pied sur une terre sainte (cf. Ex 3, 5). La question du sens d'Israël, de l'Ancienne Alliance, de la Torah, des promesses introduit au cœur du mystère de l'Eglise.

Que signifie pour l'Eglise l'Ancienne Alliance ? Que veut dire le Concile quand il affirme que l'Eglise a été « *merveilleusement* (*mirabiliter*) préparée dans l'histoire du peuple d'Israël et dans l'Ancienne Alliance[44] » ? Dès la venue du Christ, Israël n'a-t-il plus de rôle à jouer ? Ou Israël reste-t-il toujours, mystérieusement, une *préparation* de l'Eglise ? Ne signifie-t-il quelque chose « que » dans cette *préparation*, et non pas en lui-même ?

Il ne faut pas voir dans ces questions un passe-temps pour théologiens, enjeu de joutes académiques. C'est là un questionnement vital pour Israël comme pour l'Eglise, chargé d'un grand poids d'histoire. Les plaies des siècles sont trop profondes, le poids de la faute est trop lourd pour qu'on puisse en parler froidement en prenant ses distances.

Ce sujet est encore plus brûlant ici, à Rome, où ont œuvré au sein de la communauté juive les apôtres du Seigneur Pierre et Paul, juifs eux-mêmes. C'est à l'intention des Romains que Paul a écrit les pages où est exposé comme nulle part ailleurs le mystère d'Israël et de l'Eglise. Ce sont les chapitres 9 à 11 de sa Lettre « à tous les bien-aimés de Dieu qui sont à Rome, aux saints par vocation », « dont la foi est publiée dans le monde entier » (Rm 1, 7-8).

---

44. *LG* 2, cit. *CEC* 759.

Que de choses n'y aurait-il pas à dire sur l'histoire des juifs dans une Rome devenue chrétienne, combien de pages, les unes sombres, les autres lumineuses d'une lourde histoire ! Un exemple parmi d'autres : la figure du pape Anaclet II, de la famille juive des Pierleoni, entré dans l'histoire comme antipape. En 1930, Gertrud von Le Fort a écrit un roman sur lui, *Le pape du ghetto*[45], un des ouvrages les plus profonds qui aient été écrits, au cours de ce siècle si sanglant, sur le mystère d'Israël et de l'Eglise.

Il faudrait mentionner le pape Pie XII et tout ce qu'il a fait pour les juifs, lui qui a été si souvent diffamé.

Je ne peux jamais passer devant la grande synagogue sans penser à Israël Zolli, le grand rabbin de Rome à qui le Christ est apparu – ainsi qu'à sa femme – alors qu'il se tenait debout devant le tabernacle de la Torah, le jour du Yom Kippour de 1944. Au moment de son baptême, il a pris le nom d'Eugenio en signe de gratitude envers le pape Pacelli.

Et comment ne pas évoquer la visite mémorable que le Saint Père fit à cette même grande synagogue le 13 avril 1986 ?

Quand nous posons le pied sur cette terre sainte, nous ne faisons pas qu'*entrer en contact* avec le mystère liant le Christ à Israël et à l'Eglise. Ce mystère nous *entoure* alors de toutes parts !

Progressons dans cette méditation en citant le paragraphe du *Catéchisme* qui traite de l'élection d'Israël : « Pour rassembler l'humanité dispersée, Dieu élit Abram en l'appelant "hors de son pays, de sa parenté et de sa maison" (Gn 12, 1), pour faire de lui Abraham, c'est-à-dire "le père d'une multitude de nations" (Gn 17, 5) : "En toi seront bénies toutes les nations de la terre" (Gn 12, 3 LXX)[46]. »

45. *Der Papst aus dem Ghetto. Die Legende des Geschlechtes Pier Leone*, München, Ehrenwirth, 1990.
46. *CEC* 59.

Ce grand dessein de Dieu est déterminant dans la vocation d'Abraham : rassembler les hommes pour en faire sa famille. Là où la faute *d'un seul* a nui à tous, *un seul* doit devenir une source de *bénédiction* pour tous : « Le peuple issu d'Abraham sera le dépositaire de la promesse faite aux patriarches, le peuple de l'élection, appelé à préparer le rassemblement, un jour, de tous les enfants de Dieu dans l'unité de l'Eglise ; il sera la racine sur laquelle seront greffés les païens devenus croyants[47]. »

Plus loin, le *Catéchisme* poursuit : « Après les patriarches, Dieu forma Israël comme son peuple en le sauvant de l'esclavage de l'Egypte. Il conclut avec lui l'Alliance du Sinaï et lui donna, par Moïse, sa Loi, pour qu'il Le reconnaisse et Le serve comme le seul Dieu vivant et vrai, Père provident et juste juge, et qu'il attende le Sauveur promis[48]. »

Et pour finir : « Israël est le Peuple sacerdotal de Dieu, celui qui "porte le nom du Seigneur" (Dt 28, 10). C'est le peuple de ceux "à qui Dieu a parlé en premier", le peuple des "frères aînés" dans la foi d'Abraham[49]. »

Le « brouillon » du *Catéchisme,* connu sous le nom de « Projet révisé » et envoyé aux évêques pour consultation, contenait à l'origine cette phrase : « Israël *n'est pas une nation*, mais le Peuple sacerdotal de Dieu. » La phrase souleva de graves protestations, particulièrement de la part d'Israël ! Le malentendu était complet ! Le texte a été lu comme s'il s'agissait là d'une prise de position de l'Eglise catholique concernant l'Etat d'Israël. A celui-ci aurait été dénié le droit d'être une nation, un Etat parmi les autres. Mais il s'agissait en réalité d'une reconnaissance claire et *positive* de *l'élection* du peuple d'Israël. Ce n'est pas un peuple comme les autres ni une nation comme les autres,

---

47. *CEC* 60.
48. *CEC* 62.
49. *CEC* 63.

mais le peuple qui appartient à Dieu. Ce n'est pas un peuple existant que Dieu aurait choisi parmi tant d'autres et privilégié. Mais Dieu lui-même est son *créateur* (cf. Is 43, 15), *il* en a fait *son* peuple. L'existence de ce peuple repose sur le choix *de Dieu.*

Et maintenant, l'énigme : Israël est-il ethniquement un peuple, une race ? Il sera difficile de le dire, tant dans l'Antiquité (cf. Ac 2, 5-11) qu'aujourd'hui. Ce qui constitue l'identité d'Israël, c'est sa vocation sacerdotale : être un signe de bénédiction et bénir : « Je vous tiendrai pour un royaume de prêtres, une nation sainte » (Ex 19, 6). Israël est avant tout « convocation d'un peuple » devant Dieu, *kahal*, une réalité précisément traduite par la « Septante » par le terme d'*ekklesia*, d'*Eglise*.

Israël est incontestablement aussi un peuple d'extraction commune : la descendance d'Abraham, jusqu'à aujourd'hui. Mais cette descendance n'existe que parce que Dieu en *fait le don* et parce qu'Abraham *a cru.*

L'existence *concrète* d'Israël, à partir d'Isaac et de Jacob, témoigne à chaque instant d'une incroyable *fidélité de Dieu.* Jamais un aussi petit peuple n'aurait survécu s'il n'avait pu compter que sur sa seule identité ethnique : « Il est venu en aide à Israël, son serviteur, se souvenant de sa miséricorde, – selon qu'il l'avait annoncé à nos pères – en faveur d'Abraham et de *sa postérité à jamais* ! » (Lc 1, 54-55).

La fidélité de Dieu n'est pas unilatérale. Elle est liée à la fidélité d'Abraham dans la foi : « Parce que tu as fait cela, que tu ne m'as pas refusé ton fils, ton unique, je te comblerai de bénédictions, je rendrai ta postérité aussi nombreuse que les étoiles du ciel et que le sable qui est sur le bord de la mer (...). Par ta postérité se béniront toutes les nations de la terre, parce que tu m'as obéi » (Gn 22, 16-18).

Aucune infidélité d'Israël, aucun péché du peuple, pas même le manque de reconnaissance, le refus de Jésus, du Messie ne pourront jamais détruire la fidélité de Dieu « à Abraham et à sa postérité ». Ainsi S. Paul écrira-t-il à la communauté de Rome : « Ils sont, selon l'Election, chéris à cause de leurs pères. Car les dons et l'appel de Dieu sont sans repentance » (Rm 11, 28-29). Pour répondre avec d'autant plus de force, Paul pose deux fois la question : « Je demande donc : Dieu aurait-il rejeté son peuple ? Certes non ! » (Rm 11, 1). « Je demande donc : serait-ce pour une vraie chute qu'ils ont bronché ? Certes non ! » (Rm 11, 11).

Mais qu'est-ce que cela signifie pour l'Eglise ? Une modification profonde de la manière de penser, un véritable retournement même s'est opéré. Le choc ineffaçable de la Shoah nous a fait prendre conscience du fait que la haine mortelle vouée à Israël visait aussi, dans ce qu'elle avait de plus profond, l'Eglise, le Dieu d'Israël, le Père de notre Seigneur Jésus-Christ.

Il y aurait beaucoup à dire ici. Mentionnons au moins trois domaines dans lesquels nous devons modifier notre manière de penser, même si cela s'est déjà produit en partie. Le *Catéchisme* montre la voie.

1) Il n'est pas possible de trouver le Christ hors de son origine. Le *Catéchisme* le montre dans le passage qu'il consacre à la fête de l'Epiphanie[50]. Les mages venus d'Orient (Mt 2, 1-2) représentent « l'Eglise des païens ». Ils indiquent le chemin qui conduit aujourd'hui encore les païens jusqu'au Christ[51]. Le *Catéchisme* affirme : « La venue des mages à Jérusalem pour “rendre hommage au roi des Juifs” (Mt 2, 2) montre qu'ils cherchent en Israël, à la lumière messianique de l'étoile de David, celui qui sera le roi des nations. Leur venue signifie que les païens ne peuvent découvrir Jésus et L'adorer comme Fils de Dieu et Sauveur du monde qu'en se tournant vers les juifs et en recevant d'eux leur promesse messianique telle qu'elle est

50. Cf. *CEC* 528.

51. Cf. J. Ratzinger, *Evangelium, Katechese, Katechismus*, München-Zürich-Wien, Neue Stadt, 1995, pp. 63-83.

contenue dans l'Ancien Testament. L'Epiphanie manifeste que "la plénitude des païens entre dans la famille des patriarches" (S. Léon le Grand) et acquiert la *Israelitica dignitas*[52]. »

Une première chose doit être mise en relief dans ce texte particulièrement dense : l'ancienne promesse annonçant que les peuples viendront adorer Dieu sur le Mont Sion en Israël se réalise. La mission de Jésus apparaît clairement dès le début : accomplir cette promesse, même si ce n'est pas dans le Temple, sur le Mont Sion, mais *dans sa personne*, « lui qui des deux peuples n'en a fait qu'un » (Ep 2, 14).

La religion des païens, les religions du monde « peuvent devenir l'étoile qui met les hommes sur la voie, qui les emmène à la recherche du Royaume de Dieu. L'étoile des religions indique Jérusalem, elle s'éteint pour briller à nouveau dans la Parole de Dieu, dans la Sainte Ecriture d'Israël. La Parole de Dieu conservée dans ce texte se révèle être la véritable étoile sans laquelle il n'est pas possible d'atteindre le but[53] ».

Qu'est-ce que cela veut dire ? Que les païens, les peuples, les religions ne peuvent découvrir le Christ et par là devenir *l'Eglise* qu'en accueillant les promesses faites à Israël, qu'en faisant *leur* l'histoire d'Israël. « Le salut vient des Juifs » (Jn 4, 22). Il n'y a pas d'accès au Christ, et par là pas d'entrée dans le peuple de Dieu, sans acceptation par la foi de la Révélation de Dieu, consignée dans les livres saints de l'Ancien Testament.

L'Ancien Testament est et demeure la grande catéchèse de Dieu en vue du Christ. C'est pourquoi ce même Ancien Testament ne peut pas et ne doit pas être remplacé par les écrits des grandes religions. Nous ne pouvons pas davantage résoudre les difficultés soulevées par l'Ancien Testament en évitant simplement de le lire lors des

52. Vigile pascale, prière après la troisième lecture, cit. *CEC* 528.
53. J. Ratzinger, *op. cit.*, p. 66.

célébrations liturgiques. Nous devons au contraire le lire, apprendre à l'aimer et l'interpréter à la lumière du Christ. Un frère coopérateur chartreux m'a dit une fois : « L'Ancien Testament est l'histoire d'amour de Dieu[54]. »

2) Une lecture correcte de l'Ancien Testament, le rapport entre celui-ci et le Nouveau Testament : ce sera là précisément l'objet de notre deuxième point. Selon le *Catéchisme*, *la typologie* exprime de manière exemplaire cette unité. Il ne s'agit pas là d'*une* méthode exégétique parmi d'*autres*, mais d'une manière éminemment théologique d'envisager l'histoire du salut. La typologie n'est pas d'abord une méthode d'interprétation des *textes*, mais une autre manière de considérer les *événements* de l'histoire du salut. Dans cette optique, le dessein salvifique de Dieu est *un* et les événements de l'Ancienne Alliance annoncent ceux de la Nouvelle Alliance, ils sont des « préfigurations de ce que Dieu a accompli dans la plénitude des temps, en la personne de son Fils incarné[55] ». De même que l'arche a sauvé Noé et les siens, ainsi et bien plus encore le baptême est-il salvateur (cf. 1 P 3, 21).

Il n'y a pas là de dévalorisation de l'Ancienne Alliance comme on ne cesse de le répéter : « Ainsi la vocation des patriarches et l'Exode de l'Egypte, par exemple, ne perdent pas leur valeur propre dans le plan de Dieu, du fait qu'ils sont en même temps des étapes intermédiaires[56]. » La typologie signifie bien au contraire « le dynamisme vers l'accomplissement du plan divin[57] ».

Mais cela signifie aussi que l'Eglise ne pourra jamais renoncer à l'Ancien Testament. Elle ne pourrait le faire qu'en reniant *Dieu lui-même*, car il est le Dieu d'Abraham,

---

54. Cf. J. -M. GARRIGUES, *Ce Dieu qui passe par les hommes. Conférences de Carême II*, Paris, Mame, 1993, pp. 98-99.
55. *CEC* 128.
56. *CEC* 130.
57. *Ibid.*

d'Isaac et de Jacob, le Dieu des *vivants* et non des morts (cf. Mc 12, 26-27).

3) Le rapport entre la Loi et l'Evangile est un sujet particulièrement passionnant. Si l'Eglise est *merveilleusement* préparée dans l'Ancienne Alliance, dans quel sens *la Loi* prépare-t-elle *l'Evangile* ? Le *Catéchisme* s'oppose à la manière de voir très répandue aujourd'hui selon laquelle la Loi et l'Evangile seraient contradictoires. Il y décèle au contraire un rapport de promesse à réalisation : « Le sermon du Seigneur, loin d'abolir ou de dévaluer les prescriptions morales de la Loi ancienne, en dégage les virtualités cachées et en fait surgir de nouvelles exigences : il en révèle toute la vérité divine et humaine. Il n'ajoute pas de préceptes extérieurs nouveaux, mais il va jusqu'à réformer la racine des actes, le cœur[58]. »

Dans la ligne du *Catéchisme*, avec la grande tradition catholique, il faut réfléchir ici et *méditer* sur ce thème : pourquoi et comment Jésus accomplit-il parfaitement la Loi ? La tradition juive célèbre, lors d'une fête particulière, « *la joie de la Torah* ». La Torah est prise entre les bras comme une fiancée et on danse avec elle dans la synagogue[59]. C'est parce que la Loi de Dieu correspond à sa volonté la plus intime, au désir de son cœur, que la joie qui la célèbre est si grande. Selon une tradition juive, *ce commencement* où Dieu créa le ciel et la terre n'est autre que *la Torah* : elle est le dessein du cœur de Dieu qu'il a mis en œuvre lors de la création et qu'il a révélé à son peuple. C'est la raison pour laquelle il n'y a pas de plus grand bonheur que d'être fidèle en tout à la Loi de Dieu. Jésus dira même que c'est là *sa nourriture* (cf. Jn 4, 34).

Tout cela n'est qu'une ébauche. Pour nous concentrer sur l'essentiel, il nous faut revenir à la mystérieuse

58. *CEC* 1968.

59. Cf. Bella CHAGALL, *Lumières allumées*, avec 45 dessins de Marc Chagall, Genève-Paris, Ed. des Trois Collines, 1948.

rencontre d'Israël Zolli avec Jésus-Christ dans la synagogue de Rome. Elle se produisit lorsque le rabbin se trouvait devant *le tabernacle de la Torah.* N'est-il pas lui, le Christ, « l'accomplissement de la Loi » ? N'est-il pas *le commencement* dans lequel, par lequel et en vue duquel Dieu a tout créé ? N'est-ce pas en lui que se réalisera le dessein de Dieu, l'Eglise ?

En face de la grande synagogue de Rome, au Lungotevere dei Pierleoni, se trouve la petite église de San Gregorio. L'entrée de l'édifice est surmontée d'une inscription en hébreu et en latin appelant les juifs à la conversion. C'est *là* que durant des siècles (du temps de Pie V jusqu'à celui de Pie IX) eurent lieu *les prédications aux juifs* auxquelles la communauté juive était tenue d'assister. L'heure d'une conversion n'a-t-elle pas sonné pour nous ? Cette église qui se trouve aux portes du ghetto témoigne de la longue histoire de souffrance du peuple élu, aimé de Dieu. L'existence du peuple d'Israël jusqu'à l'achèvement de l'Eglise, garantie par le Seigneur lui-même, peut nous aider à comprendre plus profondément le sens toujours actuel de ces paroles du Concile : *l'Eglise* a été *mirabiliter praeparata* dans l'Ancienne Alliance et dans le peuple d'Israël.

III

L'EGLISE INSTITUÉE EN CES TEMPS QUI SONT LES DERNIERS

1. Et le Verbe s'est fait chair

« "Quand vint la plénitude du temps, Dieu envoya son Fils, né d'une femme, né sujet de la Loi, afin de racheter les sujets de la Loi, afin de nous conférer l'adoption filiale" (Ga 4, 4-5). Voici "la Bonne Nouvelle touchant Jésus-Christ, Fils de Dieu" (Mc 1, 1) : Dieu a visité son peuple. Il a accompli les promesses faites à Abraham et à sa descendance. Il l'a fait au-delà de toute attente : Il a envoyé son "Fils bien-aimé" (Mc 1, 11)[1]. » Ce sont les premiers mots du chapitre du *Catéchisme* consacré à Jésus-Christ.

S'il est vrai que « le mystère de l'homme ne s'éclaire vraiment que dans le mystère du Verbe incarné[2] », cela est encore plus vrai en ce qui concerne le mystère de l'Eglise ! La première phrase de la Constitution sur l'Eglise du Concile est empreinte de cette certitude : « *Lumen gentium cum sit Christus* », « Le Christ est la lumière des peuples ; réuni dans l'Esprit Saint, le saint Concile souhaite donc ardemment, en annonçant à toutes créatures la bonne nouvelle de l'Evangile, répandre sur tous les hommes la clarté

1. *CEC* 422.
2. *GS* 22, 1.

du *Christ qui resplendit sur le visage de l'Eglise* (cf. Mc 16, 15)[3]. »

Le Christ est le centre, il est le soleil de justice, l'Eglise n'a pas d'autre lumière que *la sienne*, comme la lune reflète la lumière du soleil, pour reprendre une comparaison souvent utilisée par les Pères[4]. C'est là sa condition durant son pèlerinage, un pèlerinage au cours duquel elle aspire à « *permanere cum sole* » (Ps 72 (71), 5)[5], à demeurer avec le Christ, le soleil, en n'ayant plus à endurer toutes les peines de la route.

Une question préoccupante se pose lorsque nous considérons la situation actuelle de l'Eglise : le vœu de la première phrase de *Lumen gentium* a-t-il vraiment été suivi d'effets ? L'Eglise est-elle vraiment considérée comme il le faut à partir du Christ et en vue de lui, dans son *être en lui* ? Ne parle-t-on pas trop de l'Eglise ? L'Eglise s'est-elle trop préoccupée d'elle-même ? Le cardinal Ratzinger avait déjà posé ce diagnostic lors du Synode extraordinaire de 1985[6]. Plus l'Eglise se tournera vers le Christ, plus elle sera lumineuse, plus sa beauté s'épanouira.

Il y a un autre phénomène préoccupant : l'absence de plus en plus marquée du Christ dans le discours de l'Eglise. Certains programmes pastoraux pleins de rôles, de modèles d'actions, de directives ne mentionnent pas une seule fois le nom du Christ. Beaucoup demandent explicitement qu'il soit moins question du Christ et davantage de Dieu, ce qui devrait permettre de gommer un peu les différences avec les autres religions. Durant des années, cette tendance a été nourrie par un travail sournois de sape de la foi en la divinité du Christ et, par là, en l'Incarnation du Fils de Dieu. Mais ce que *l'Eglise* est

---

3. *LG* 1.

4. Cf. H. RAHNER, « Mysterium lunae », dans *op. cit.*, pp. 91-173.

5. Selon l'interprétation de S. Augustin.

6. Cf. *Synode extraordinaire. Célébration de Vatican II*, Paris, Cerf, 1986, pp. 428-430.

dans son essence la plus profonde, elle le reçoit entièrement du Christ. C'est par la porte de Noël que nous nous approchons du mystère de l'Eglise. L'affirmation est également vraie dans l'autre sens : ce n'est que dans le parcours communautaire de la foi que nous pouvons trouver le chemin vers la crèche, vers « la demeure de Dieu parmi les hommes ». « Nul ne peut avoir Dieu pour Père qui n'a pas l'Eglise pour Mère », affirme S. Cyprien[7].

De fait, le Christ et l'Eglise sont un. Le *Catéchisme* cite la merveilleuse réponse, simple et lumineuse de sainte Jeanne d'Arc, à qui ses juges théologiens voulaient faire dire qu'elle était peut-être fidèle au Christ, mais pas à l'Eglise : « De Jésus-Christ et de l'Eglise, il m'est avis *que c'est tout un*, et qu'il n'en faut pas faire difficulté[8]. »

Le Christ et l'Eglise, ce sera donc là le sujet de notre méditation d'aujourd'hui.

Revenons au texte que le *Catéchisme* place en ouverture de la confession de foi au Christ : « Quand vint la plénitude du temps, *Dieu envoya son Fils*, né d'une femme, né sujet de la Loi, afin de racheter les sujets de la Loi, afin de nous conférer l'adoption filiale » (Ga 4, 4-5).

Dans cette confession de foi centrale de S. Paul, nous trouvons tous les éléments des réflexions de ce jour : « Dieu envoya son Fils, né d'une femme » : nous nous arrêterons d'abord sur le mystère de l'Incarnation. L'envoi du Fils vise à nous conférer *l'adoption filiale*. La deuxième réflexion traitera concrètement de cette adoption filiale en s'intéressant aux « mystères » de la vie de Jésus. Il a été envoyé dans ce but : établir un « nous », une communauté, l'Eglise. Lorsque nous méditerons sur le « *super hanc petram* » (« sur cette pierre ») (Mt 16, 18), nous le ferons dans l'optique de cette fondation de l'Eglise comme communauté. Nous terminerons en nous intéressant au

---

7. Cit. *CEC* 181.
8. Cit. *CEC* 795.

« rachat » de ceux qui sont sujets de la Loi, à la rédemption. « *Ecclesia ex latere Christi* », ce sera là le dernier thème : la naissance de l'Eglise « du côté du Christ ».

Lors des jours de grande fête, on célèbre en musique dans de nombreuses églises d'Autriche – et même à la cathédrale Saint-Etienne de Vienne – ce qu'on appelle des « messes pour orchestre ». Qu'elle soit de Mozart ou de Haydn, de Schubert ou de Bruckner, il n'y a pas une seule de ces « messes » qui ne soit empreinte de recueillement et de douceur au moment de *l'et incarnatus est* du *Credo.* On dirait que la musique elle-même voudrait *s'agenouiller* et *adorer* : « *Venite, adoremus !* »

A l'approche du Jubilé de l'Incarnation, nos pensées et nos prières devraient elles aussi *se mettre à genoux* et *adorer* le mystère de la nuit de Noël. A l'occasion de l'année jubilaire, peut-être pourra-t-on réintroduire partout le geste de la génuflexion au moment de l'*et incarnatus est* du *Credo.* Le *Catéchisme* reprend, sans en nommer l'auteur, le beau « résumé » d'un maître spirituel de ce siècle : « Berger ou Mage, on ne peut atteindre Dieu ici-bas qu'en s'agenouillant devant la crèche de Bethléem et en l'adorant caché dans la faiblesse d'un enfant[9]. »

De tout cœur, c'est *la raison*, unie à la volonté, qui doit s'agenouiller la première et adorer : quelle exigence pour la raison ! Il y a quelques années, un groupe de théologiens anglais défendait cette idée : la réalité d'un Jésus homme et Dieu s'oppose à la fois à la divinité de Dieu et à l'humanité de l'homme[10]. Il s'agirait là d'une affirmation mythique qui n'aurait aucune prétention à la vérité historique. Dans ce cas, la conception virginale de Jésus est également un mythe, tout comme le tombeau vide et le fait que le Ressuscité ait eu un vrai corps. Comment le mys-

---

9. M.-E. DE L'ENFANT-JÉSUS, *op. cit.*, p. 78 ; cit. sans référence *CEC* 563.

10. Cf. J. H. HICK, *The myth of God incarnate*, 2nd ed., London, SCM Press, 1993.

tère d'une Eglise humaine et divine pourrait-il dès lors avoir une quelconque réalité ?

Quelques années après Pâques, les chrétiens chantaient un hymne étonnant transmis par S. Paul dans l'Epître aux Philippiens (Ph 2, 6-11). Dans ce texte liturgique, le Christ n'est pas seulement adoré dans sa préexistence divine et dans sa condition d'esclave, semblable à nous, obéissant jusqu'à la mort. Il est aussi dit que tout, au plus haut des cieux, sur la terre et dans les enfers, *s'agenouille devant lui en l'adorant*. Les mots sont les mêmes que ceux qu'utilise Isaïe lorsqu'il parle de *Dieu* (Is 45, 23). C'est *cela* qui constitue le *grand* obstacle, la pierre d'achoppement aux yeux des juifs croyants (comme des musulmans).

Le P. François Dreyfus, un exégète dominicain d'origine juive, écrit à ce sujet : « Il faut avoir soi-même vécu l'itinéraire spirituel d'un saint Paul pour mesurer l'*énorme* difficulté que représente pour un juif orthodoxe la foi au mystère de l'Incarnation. (...) Ce n'est qu'après coup, dans la lumière de la foi, que l'on découvre que la Trinité et l'Incarnation ne s'opposent pas au dogme monothéiste d'Israël[11]. »

« Vous croyez en Dieu, croyez aussi en moi » (Jn 14, 1). Quel homme peut dire cela de lui, si ce n'est sous l'emprise aveuglante de *l'hybris* ? Quel humain peut dire ceci : « Le ciel et la terre passeront, mais mes paroles ne passeront point » (Mt 24, 35) ? A la vue de la sainteté de Jésus, Pierre reconnaît qu'il est pécheur et se jette à ses genoux en l'adorant (cf. Lc 5, 8). L'aveugle-né se prosterne devant lui et confesse sa foi (cf. Jn 9, 38). En lui donnant le nom de *Seigneur*, ses disciples reconnaissent qu'il est digne d'adoration[12]. Il n'est pas possible de dissocier la foi en un seul Dieu, le Père, et la foi au Seigneur Jésus-Christ (cf. 1 Co 8, 6).

« La foi en l'Incarnation véritable du Fils de Dieu est le signe distinctif de la foi chrétienne[13]. »

11. *Jésus savait-il qu'il était Dieu ?* 2e éd., Paris, Cerf, 1984, p. 63, n. 16.
12. Cf. *CEC* 446-451.

Ce n'est que dans la foi et l'adoration que la raison peut recevoir la lumière où commence à resplendir l'évidence du mystère de l'Incarnation. Elle reçoit alors d'elle sa merveilleuse force illuminatrice, qui éclaire toutes les choses du ciel et de la terre : le mystère de l'homme et le mystère de l'Eglise.

Deux textes du Concile s'intéressent tout particulièrement à la constitution à la fois humaine et divine de l'Eglise. Le premier se trouve dans le deuxième article de la Constitution sur la liturgie. Dans la liturgie se manifeste le mystère du Christ et « l'essence particulière de l'Eglise véritable », une Eglise dont le propre est « d'être à la fois humaine et divine, visible et riche de réalités invisibles, fervente dans l'action et occupée à la contemplation, présente dans le monde et pourtant étrangère. Mais de telle sorte qu'en elle ce qui est humain est ordonné et soumis au divin ; ce qui est visible, à l'invisible ; ce qui relève de l'action, à la contemplation ; et ce qui est présent, à la cité future que nous recherchons[14] ».

Le second texte est de la plus haute importance. Il fait partie des déclarations centrales du Concile Vatican II concernant le mystère de l'Eglise. A l'aide de quatre paires de concepts, le texte subtilement rédigé délimite la portée des « arcs de tension » qui constituent l'*unique* Eglise « du Christ unique médiateur ». L'Eglise est en même temps « *communauté* de foi, d'espérance et de charité » et « *tout visible* » constitué et soutenu par le Christ ici-bas, sur terre ; elle est en même temps « société dotée d'organes hiérarchiques » et « Corps Mystique du Christ » ; « assemblée visible » et « communauté spirituelle » ; et finalement « Eglise terrestre » et « Eglise parée de dons célestes ».

13. *CEC* 463.
14. *Sacrosanctum concilium*, 2, cit. *CEC* 771.

Et maintenant la *conclusio* : ces couples « constituent ensemble "une seule réalité complexe, faite d'un double élément humain et divin"[15] ».

Le Concile poursuit avec finesse à propos de l'Eglise : « C'est pourquoi, *en vertu d'une analogie qui n'est pas sans valeur*, on la compare au mystère du Verbe incarné. Tout comme en effet la nature prise par le Verbe divin est à son service comme un *organe vivant de salut* qui lui est indissolublement uni, de même le tout social que constitue l'Eglise est au service de l'Esprit du Christ qui lui donne la vie, en vue de la croissance du corps[16]. »

Une image fréquemment utilisée par les Pères et par S. Thomas voit dans l'humanité du Christ « l'organe vivant de salut » de la divinité du Christ. A la suite des longues querelles des premiers siècles qui ont conduit à la formulation de la profession de foi au Christ, les Conciles ont arrêté qu'« en lui (dans le Christ) la nature humaine a été assumée, non absorbée[17] ». L'humanité du Christ n'est pas un instrument passif. Le Christ a une âme humaine, une raison et une volonté. Il *a un cœur humain* : « Il nous a tous aimés d'un cœur humain[18]. »

La même chose vaut pour l'Eglise : elle n'est pas un instrument passif, mais une « structure communautaire » animée par l'Esprit Saint. Elle peut compter sur tous les dons humains de ses membres, sur la coopération des individus et des communautés, mais cela est mis « au service de l'Esprit du Christ qui lui donne la vie, en vue de la croissance du corps[19] ». Le Christ soutient « continuellement » l'Eglise. Il soutient précisément *cette structure visible*. Mais l'Eglise doit encore *croître* vers lui d'une manière qui lui est propre. Elle doit poursuivre constamment « son

15. *LG* 8, cit. *CEC* 771.
16. *LG* 8.
17. *GS* 22, 2.
18. *CEC* 478.
19. *LG* 8, 1.

effort de pénitence et de renouvellement[20] ». Si le Christ est accompli, pour sa part elle « avance dans son pèlerinage à travers les persécutions du monde et les consolations de Dieu[21] ». Et pourtant elle est déjà empreinte de toute sa gloire, car elle est son Epouse bien-aimée : « *Nigra sum sed formosa* », « Je suis noire et pourtant belle, filles de Jérusalem » (Ct 1, 5).

S. Bernard commente : « Humilité ! Sublimité ! Tente de Cédar et sanctuaire de Dieu ; habitation terrestre et céleste palais ; maison d'argile et cour royale ; corps mortel et temple de lumière ; objet de mépris enfin pour les orgueilleux et épouse du Christ ! Elle est noire mais belle, filles de Jérusalem, celle qui, pâlie par la fatigue et la souffrance d'un long exil, a cependant pour ornement la parure céleste[22]. » Tout ce qu'est l'Epouse, elle le doit à son Epoux. Son mystère est fondé sur le sien. Mais la porte ouvrant sur son mystère, c'est *la nuit de Noël* : « *Et Verbum caro factum est.* » Si nous méditons inlassablement sur ce mystère, nous deviendrons beaucoup plus sensibles au mystère de l'Eglise. Que *l'agenouillement* lors de l'« *et incarnatus est de Spiritu Sancto ex Maria Virgine et homo factus est* » nous conforte dans cette voie.

2. Les mystères de la vie de Jésus

Catechesi tradendae affirme : « Au cœur de la catéchèse nous trouvons essentiellement une Personne, celle de Jésus de Nazareth, Fils unique du Père (...). Catéchiser (...), c'est dévoiler dans la Personne du Christ tout le dessein éternel de Dieu[23]. » Mais il faut aller *plus loin*. Ce qui compte, ce

20. *LG* 8, 3.
21. S. Augustin, cit. *LG* 8, 4.
22. Cit. *CEC* 771.
23. Cit. *CEC* 426.

n'est pas seulement d'acquérir un *savoir* concernant Jésus, une *représentation.* Il faut encore partager sa vie, établir une communication vivante avec lui. C'est pourquoi *Catechesi tradendae* ajoute à propos du but de la catéchèse : « Mettre en *communion* avec Jésus-Christ : Lui seul peut conduire à l'amour du Père dans l'Esprit et nous faire *participer à la vie de la Trinité Sainte*[24]. »

Le sens et le but de l'Eglise, c'est cette *communion de vie* avec le Dieu-Trinité. C'est pourquoi, à la question de savoir si Jésus a fondé et par là voulu l'Eglise, on ne répondra pas *d'abord* en se préoccupant des circonstances historiques de l'« acte de fondation » de l'Eglise et en faisant état du processus qui a conduit à son institution. La question historique de la fondation de l'Eglise est importante, il ne faut pas l'escamoter. Mais celle de savoir *comment* le Christ communique sa vie, y donne part, doit être posée *en priorité* : c'est cela qui constitue à proprement parler la « fondation de l'Eglise » de Jésus.

Pour répondre à cette question, nous sommes à nouveau renvoyés au mystère de *l'Incarnation.* Il y a dans la Constitution pastorale *Gaudium et spes* une phrase que le Saint Père cite souvent. C'est une phrase-clé, d'une très grande portée : « Par son Incarnation, le Fils de Dieu s'est en quelque sorte uni Lui-même à tout homme[25]. »

L'Incarnation du Fils éternel est la communication fondamentale de sa vie à l'humanité. Il n'y a assurément pas là d'automatisme, comme le craignent ceux qui critiquent cette manière de voir qui se retrouve chez de nombreux Pères de l'Eglise.

En quoi consiste donc cette « communication de vie » du Christ ? cette « communion de vie » dans laquelle *Catechesi tradendae* voit le but de la catéchèse ? La deuxième Epître de Pierre affirme que nous deviendrons

---

24. *Ibid.*
25. *GS* 22, 2 ; cit. *CEC* 521.

« participants de la divine nature » (2 P 1, 4), à la suite de quoi les Pères de l'Eglise ont parlé de *divinisation* de l'homme. Le *Catéchisme* résume cet enseignement en citant à la suite S. Irénée, S. Athanase et S. Thomas d'Aquin[26] : « Car telle est la raison pour laquelle le Verbe s'est fait homme, et le Fils de Dieu, Fils de l'homme : c'est pour que l'homme, en entrant en communion avec le Verbe et en recevant ainsi la filiation divine, devienne Fils de Dieu » (S. Irénée). « Car le Fils de Dieu s'est fait homme pour nous faire Dieu » (S. Athanase). « Le Fils unique de Dieu, voulant que nous participions à sa divinité, assuma notre nature, afin que Lui, fait homme, les hommes deviennent Dieu » (S. Thomas d'Aquin).

Mais que signifie concrètement « Faire les hommes Dieu » ? Il ne peut pas s'agir d'un « engloutissement » de notre humanité en Dieu. Jésus *est* vrai Dieu *et* vrai homme. S. Maxime nous dit : humanité divine, divinisation ne signifient pas que notre *être* humain sera modifié, mais que notre *manière* d'être hommes *changera*. La « divinisation » de l'humanité de Jésus ne s'opère pas par le biais d'une suppression de son humanité, mais par l'acquisition d'une *nouvelle manière* d'être homme : en étant désormais *Fils* en tout ce qu'il fait, dit et *est*.

Dans *Gaudium et spes*, à la suite du texte cité plus haut, le Concile a proposé une formulation classique de cette *nouvelle manière d'être homme* : « Il a travaillé avec des mains d'homme, il a pensé avec une intelligence d'homme, il a agi avec une volonté d'homme, *il a aimé avec un cœur d'homme*[27]. »

Le Fils de Dieu aime avec un cœur humain. Il imprègne son cœur d'homme de son amour éternel de Fils. *Comme homme*, il est « le Fils bien-aimé » du Père éternel. Nous avons part à la vie du Dieu-Trinité quand nous pouvons

26. *CEC* 460.
27. *GS* 22, 2.

participer à *l'humanité* de Jésus. C'est là la place qui nous est réservée dans le cœur de la Très Sainte Trinité : obtenir de participer à sa filiation en devenant des fils dans le Fils. C'est pourquoi nous avons reçu « dans nos cœurs l'Esprit de son Fils qui crie : Abba, Père ! » (Ga 4, 6).

Ainsi, devenir membre de l'Eglise signifie fondamentalement participer à la filiation de Jésus. « Conforme notre cœur au tien » : cette prière demande à Dieu de faire de notre cœur un cœur « filial ». « Conforme notre vie à ta vie » : c'est ce que nous pouvons dire lorsque nous demandons que l'Eglise grandisse. Devenir membre de l'Eglise, cela signfie que « le Christ soit formé en vous » (Ga 4, 19).

Comment cela peut-il se produire ? Par notre participation *aux mystères de la vie de Jésus.*

On sait que le *Catéchisme* ne propose pas de reconstruction historico-critique de la vie de Jésus. Il procède au contraire à la manière des « mystères de la vie de Jésus », prisée par les Pères de l'Eglise, mais aussi par les maîtres spirituels modernes, de S. Ignace à dom Columba Marmion, en passant par l'Ecole française. C'est aussi la perspective adoptée par la liturgie : lors des fêtes du Seigneur, mémorial des événements de la vie de Jésus, nous célébrons aussi notre propre *participation* à ces mystères. La vie de Jésus doit devenir la nôtre : lui en nous et nous en lui.

Le *Catéchisme* met en avant un certain nombre de caractéristiques communes à tous les mystères de Jésus. Il indique aussi comment nous pouvons participer à ces mystères.

Mais, pour commencer, qu'entendons-nous par « mystères de Jésus » ? C'est d'abord une manière particulière de considérer sa vie : il est vrai Dieu et vrai homme. Celui qui contemple sa vie à la lumière de cette profession de foi y découvre partout « les traces de son mystère » : « Des langes de sa nativité jusqu'au vinaigre de sa passion et au suaire de sa Résurrection, tout dans la vie de Jésus est signe de son mystère. (...) Son humanité apparaît ainsi comme le "sacrement", c'est-à-dire le signe et l'instrument de sa divinité et du salut qu'Il apporte : ce qu'il y avait de visible dans sa vie terrestre conduisit au mystère invisible de sa filiation divine et de sa mission rédemptrice[28]. »

« Les mystères de la vie de Jésus » : cela signifie que toute sa vie est « *sacramentum salutis* ».

Le *Catéchisme* s'étend sur trois caractéristiques de cette « sacramentalité » de la vie de Jésus.

1) « Toute la vie du Christ est *Révélation* du Père : ses paroles et ses actes, ses silences et ses souffrances, sa manière d'être et de parler[29]. » C'est la raison pour laquelle il est si important de *contempler dans le détail* la vie de Jésus, de « s'imprégner » des plus petites indications, des scènes, des gestes et des paroles de Jésus. Ce que dit Jésus s'accomplit ainsi dans toute sa vie : « Qui m'a vu a vu le Père » (Jn 14, 9).

Cela suppose bien sûr que nous suivions avec confiance le Concile : « Notre sainte Mère l'Eglise (...) tient fermement que ces quatre Evangiles, *dont elle affirme sans hésiter l'historicité, transmettent fidèlement ce que Jésus le Fils de Dieu, durant sa vie parmi les hommes, a réellement fait et enseigné pour leur salut éternel*[30]. »

Ce n'est qu'ainsi qu'il devient possible de mettre en pratique dans notre méditation cette « application des sens », de réaliser cette « composition du lieu » recommandée par S. Ignace dans ses *Exercices*[31]. On a montré avec raison la force de l'impact que cette méditation intense, sensible, a exercé sur un art chrétien qui ne s'est jamais lassé de mettre en scène la vie de Jésus (notre siècle

28. *CEC* 515.
29. *CEC* 516.
30. Constitution dogmatique sur la Révélation divine *Dei Verbum,* 19.
31. Pour la « composition : voir le lieu » et « voir par le regard de l'imagination le lieu matériel où se trouve ce que je veux contempler », cf. *Exercices spirituels*, n° 47, Desclée de Brouwer, 1960, p. 43.

« critique » est le premier à s'être lassé de cet exercice)[32]. La profonde méfiance envers la fiabilité historique des Evangiles qui s'est développée depuis deux siècles rend difficile l'accès à une telle méditation. Mais la critique historique a par ailleurs enrichi considérablement notre *connaissance concrète* de l'époque et des lieux où a vécu Jésus, ainsi que des racines juives de ses gestes et de ses paroles. N'est-ce pas comme si, grâce à la critique, *il* était devenu aujourd'hui plus vivant, plus personnel, plus incarné, oserais-je même dire ?

2) « Toute la vie du Christ est *mystère de Rédemption*. La Rédemption nous vient avant tout par le sang de la Croix, mais ce mystère est à l'œuvre dans toute la vie du Christ[33]. » Sa pauvreté, son obéissance, sa faim et sa soif, les larmes versées sur son ami, ses nuits de prière, la compassion qu'il éprouve envers les hommes, *tout* dans sa vie est doté d'une force salvatrice. C'est pourquoi la communion à sa vie rachète aussi et sauve. C'est pourquoi il guérit par l'Eglise.

3) « Toute la vie du Christ est mystère de Récapitulation. Tout ce que Jésus a fait, dit et souffert, avait pour but de rétablir l'homme déchu dans sa vocation première[34]. » S. Thomas a développé ce thème dans son enseignement sur la *gratia capitis*. Dans tout ce que le Christ vit et fait, *il* est la Tête de la nouvelle humanité : « Il est aussi la Tête du Corps, c'est-à-dire de l'Eglise » (Col 1, 18).

Mais nous touchons déjà là à d'autres développements du *Catéchisme* : *comment* la vie de *Jésus* devient-elle *la nôtre* ? Comment pouvons-nous y avoir part ?

---

32. Cf. A. BESANÇON, *L'image interdite. Une histoire intellectuelle de l'iconoclasme*, Paris, Fayard, 1994, pp. 246-248.
33. *CEC* 517.
34. *CEC* 518.

Le Saint Père dit dans l'encyclique *Redemptor hominis* : « Toute la richesse du Christ est destinée à tout homme et constitue le bien de chacun[35]. »

Le *Catéchisme* indique trois moyens par lesquels le Christ veut faire nôtre sa vie, en vivant sa vie *pour nous*, *avant nous* et *en nous*.

a) « Le Christ n'a pas vécu sa vie pour Lui-même, mais *pour nous*, de son Incarnation "pour nous les hommes et pour notre salut" jusqu'à sa mort "pour nos péchés" (1 Co 15, 3) et à sa Résurrection "pour notre justification" (Rm 4, 25). Maintenant encore, Il est "notre avocat auprès du Père" (1 Jn 2, 1), "étant toujours vivant pour intercéder en notre faveur" (He 7, 25)[36]. »

Son amour est la seule raison de cette « *proexistence*[37] ». S. Jean de la Croix n'exagère pas lorsqu'il tire les conséquences de ce *pro me* dans sa « Prière de l'âme enflammée d'amour » : « Les cieux sont à moi et la terre est à moi. A moi les nations, à moi les justes, à moi les pécheurs. Les anges sont à moi et la Mère de Dieu est à moi. Tout est à moi. Dieu est à moi et pour moi, puisque le Christ est à moi et tout entier pour moi[38]. »

Ce n'est pas là l'expression d'une piété individualiste, mais *le* fondement de l'Eglise : *le Christ, notre vie !*

b) « En toute sa vie, Jésus se montre comme *notre modèle*[39]. » L'Incarnation, cela signifie la *visibilité* d'un salut devenu tangible, audible, visible dans la vie, les souffrances et la mort de Jésus. C'est pourquoi la quête

---

35. Cit. *CEC* 519.
36. *CEC* 519.
37. Le terme est du professeur Heinz Schürmann.
38. A Françoise de la Mère de Dieu, dans *Œuvres complètes*, Paris, Cerf, 1990, p. 273 (Paroles de lumière et d'amour 26). Voici l'original espagnol : « *Míos son los cielos y mía la tierra, mías son las gentes, los justos son míos y míos los pecadores, los ángeles son míos y la Madre de Dios y todas la cosas son mías, y el mismo Dios es mío y para mí, porque Cristo es mío y todo para mí.* »
39. *CEC* 520.

concrète du Christ fait toujours partie de la vie de l'Eglise, et l'Eglise a toujours besoin des *saints* grâce auxquels le Christ devient « palpable ». Par l'*imitatio Christi*, nous devenons participants de sa vie : « C'est un exemple que je vous ai donné, pour que vous fassiez, vous aussi, comme moi j'ai fait pour vous » (Jn 13, 15).

Pour que l'extérieur et l'intérieur concordent, la vie du Christ doit devenir *entièrement* nôtre.

c) « Tout ce que le Christ a vécu, Il fait que nous puissions le vivre en Lui et qu'Il le vive en nous. (...) Nous sommes appelés à ne faire plus qu'un avec Lui ; ce qu'Il a vécu dans sa chair *pour nous* et comme notre modèle, Il nous y fait communier comme les membres de son Corps[40]. »

Plus loin, le *Catéchisme* s'étend encore un peu sur les mystères de la vie cachée et de la vie publique de Jésus[41]. Mais on peut dire d'une certaine façon que toute la suite du *Catéchisme* a été écrite dans la même optique : la liturgie et les sacrements de l'Eglise ne font que perpétuer de manière vivante ce que Jésus a accompli pour nous « une fois pour toutes » (He 10, 10). « Les mystères de la vie du Christ sont les fondements de ce que, désormais, par les ministres de son Eglise, le Christ dispense dans les sacrements, car "ce qui était visible en notre Sauveur est passé dans ses mystères" (S. Léon le Grand)[42]. »

Dès son titre (« La vie dans le Christ »), la troisième partie du *Catéchisme* montre aussi dans quelle perspective est envisagée la morale chrétienne. S. Jean Eudes donne un contenu concret aux paroles de S. Jean de la Croix : si le Christ tout entier m'appartient, alors *son* cœur, *son* esprit, *son* corps, *son* âme, toutes *ses* facultés sont également *miennes*. Je dois les utiliser *pour* lui, *avec* lui. La

40. *CEC* 521.
41. Cf. *CEC* 522-667.
42. *CEC* 1115.

lecture de la partie du *Catéchisme* consacrée à la morale doit en tenir compte. « Je vous prie de considérer que Jésus-Christ notre Seigneur est votre véritable Chef, et que vous êtes un de ses membres. Il est à vous comme le chef est à ses membres ; tout ce qui est à Lui est à vous, son esprit, son Cœur, son corps, son âme, et toutes ses facultés, et vous devez en faire usage comme de choses qui sont vôtres, pour servir, louer, aimer et glorifier Dieu. Vous êtes à Lui, comme les membres sont à leur chef. Aussi désire-t-Il ardemment faire usage de tout ce qui est en vous, pour le service et la gloire de son Père, comme des choses qui sont à Lui[43]. »

3. Et sur cette pierre...

L'Eglise est inséparablement : *communauté spirituelle* et *structure visible*, constituée ici-bas, sur terre. La structure visible qui est en même temps communauté spirituelle possède *une histoire concrète*, qui a elle-même une préhistoire tout à fait particulière. « Le Seigneur Jésus posa le commencement de son Eglise en prêchant l'heureuse nouvelle, l'avènement du Règne de Dieu promis dans les Ecritures depuis des siècles[44]. »

« Le germe et le commencement du Royaume sont le “petit troupeau” (Lc 12, 32) de ceux que Jésus est venu convoquer autour de Lui et dont Il est Lui-même le pasteur. Ils constituent la vraie famille de Jésus[45]. »

Jésus lui-même dota cette communauté d'une règle de vie, d'un certain ordre, d'une mission.

Sans conteste, *il* en est *lui-même* le centre : *sa* parole, *son* enseignement, mais surtout *sa personne*. Ce qu'aucun

43. S. JEAN EUDES, cit. *CEC* 1698.
44. *LG* 5, cit. *CEC* 763.
45. *CEC* 764.

rabbin n'a jamais revendiqué pour soi, Jésus en fait le point de départ de sa communauté : « Venez à *ma* suite » (Mc 1, 17 ; cf. aussi 2, 14). Dans le cercle des disciples des rabbins, c'est la Torah qui est au centre. Ici, c'est Jésus. Ceux qui étudient la Torah vont eux-mêmes à la recherche d'un rabbin. Ici, c'est le contraire : « Ce n'est pas vous qui m'avez choisi ; mais c'est moi qui vous ai choisis et vous ai établis pour que vous alliez et portiez du fruit et que votre fruit demeure » (Jn 15, 16).

Jésus lui-même enseigne à sa « famille », à son cercle de disciples une nouvelle manière de vivre et d'agir (cf. Mt 5-6). Il leur enseigne une nouvelle prière, qu'ils seront les seuls à réciter, le *Notre Père* (Lc 11, 2-4).

Pour parler de sa mission – rassembler les brebis perdues d'Israël (cf. Mt 15, 24), rechercher « la brebis perdue » (Lc 15, 4-7) –, Jésus utilise des images, des paraboles. Toutes contiennent une sorte d'« ecclésiologie implicite » : ainsi pour les images de l'époux et de ses compagnons (cf. Mc 2, 19), de « l'homme qui a semé du bon grain » (Mt 13, 24) ou du « filet qu'on jette en mer » (Mt 13, 47). Ce que Jésus annonce en images et en paraboles commence déjà à se réaliser très concrètement dans la communauté qu'il rassemble autour de lui. Le *Catéchisme* écrit : « Le Seigneur Jésus a doté sa communauté d'*une structure* qui demeurera jusqu'au plein achèvement du Royaume. Il y a avant tout le choix des Douze avec Pierre comme leur chef. Représentant les douze tribus d'Israël, ils sont les pierres d'assise de la nouvelle Jérusalem[46]. »

Maintenant, l'Eglise s'édifie-t-elle sur le ministère ? N'est-elle pas bien davantage *communion de vie* avec le Christ ? Quel rôle joue la « structure » ? La réponse du *Catéchisme* : « "Dans l'Eglise cette communion des hommes avec Dieu par 'la charité qui ne passe jamais'(1 Co 13, 8) *est la fin* qui commande tout ce qui en

46. *CEC* 765.

elle est *moyen* sacramentel lié à ce monde qui passe[47]." "Sa structure est complètement ordonnée à la sainteté des membres du Christ. Et la sainteté s'apprécie en fonction du 'grand mystère'dans lequel l'Epouse répond par le don de l'amour au don de l'Epoux[48]." *Marie* nous précède tous dans *la sainteté qui est le mystère de l'Eglise* comme "l'Epouse sans tache ni ride" (Ep 5, 27). C'est pourquoi "la dimension mariale de l'Eglise précède sa dimension pétrinienne"[49]. »

La distinction est utile. Comme toute l'organisation sacramentelle et institutionnelle de l'Eglise, la hiérarchie relève de *l'ordre des moyens*. Le seul but auquel tendent et doivent tendre tous ces moyens, c'est *la sainteté* « qui est le mystère de l'Eglise ». Voilà pourquoi *Marie* incarne ce que l'Eglise est dans son *essence*. Voilà qui explique aussi *la différence de nature* si importante, mais mal comprise, entre sacerdoce commun et sacerdoce ministériel ou hiérarchique[50]. Le premier appartient à l'ordre des fins : la vie nouvelle dans le Christ, la nouvelle naissance d'eau et d'Esprit Saint. Mais le sacerdoce auquel on accède par l'ordination relève de l'ordre des moyens que le Seigneur a donnés à son Eglise dans le but de réaliser cette fin.

Etre sacrement de Jésus-Christ, c'est-à-dire moyen et « outil », « serviteurs de Jésus-Christ », c'est là le rôle des ministres dans l'Eglise. Et puisque l'Eglise en tant que tout social a été appelée « organe vivant de salut[51] », ceux que le Christ a appelés à son service doivent être ses instruments *vivants*.

Jésus appelle à sa suite des hommes concrets qu'il a choisis dans sa liberté souveraine (« Et il appelle à lui *ceux qu'il*

---

47. Cf. *LG* 48.
48. *Mulieris dignitatem*, 27.
49. *CEC* 773, avec, à la fin, une cit. de *Mulieris dignitatem*.
50. Cf. *LG* 10.
51. *LG* 8.

voulait » (Mc 3, 13)), « il en *institua* Douze » (Mc 3, 14) avec la même *toute-puissance créatrice* qu'il a mise en œuvre lors de la création d'Israël et du monde. Ces hommes ne sont pas appelés pour accomplir un service neutre, mais pour être toujours plus profondément impliqués dans une communauté de destin avec le Christ. Marc rapporte que Jésus les a appelés et qu'il en a institué douze « *pour être ses compagnons* » (Mc 3, 14). C'est *là* qu'ils grandissent dans les *deux* dimensions de leur future charge d'apôtres : être l'Eglise comme *communion avec lui* et en même temps être *chargés d'une mission*, envoyés dans la toute-puissance du Christ « pour être ses compagnons et pour les *envoyer* prêcher, avec pouvoir de chasser les démons » (Mc 3, 14). Cet « *être-avec-lui* » doit se retrouver totalement dans leur mission d'apôtres. Cela fera aussi l'objet de sa promesse, à la fin, en Galilée, au début de leur mission aussi vaste que le monde : « Et voici que *je suis avec vous* pour toujours jusqu'à la fin du monde » (Mt 28, 20).

Le cheminement des disciples qui seront un jour les apôtres de Jésus, leur « être-avec-lui », est *inséparablement* : *ministère visible* avec pleins pouvoirs et mandat, et, différemment, mais jamais séparément, *communion spirituelle* de foi, d'espérance et de charité avec le Christ. Ainsi le mystère de l'Eglise se reflète-t-il dans le ministère.

On est toujours plein d'admiration face à l'honnêteté et à la sincérité des Evangiles qui ne cachent pas que les disciples n'étaient pas des « élèves modèles » à l'école du Maître. Dans ces évocations si franches et sans fard des failles, de l'incompréhension des apôtres, n'y a-t-il pas l'un des arguments les plus forts en faveur de la crédibilité historique des Evangiles ? Et quel miroir pour les pasteurs que *nous* sommes à leur suite ! Il y a un long chemin qui conduit de « *l'être-avec-Jésus* » extérieur à « *l'être-dans-le Christ* » de S. Paul.

« L'école des disciples » de Jésus, sa *scuola di comunità* en quelque sorte, est un sujet de méditation inépuisable.

Voici quelques suggestions à ce propos. L'évangéliste Marc met tout particulièrement en relief « l'entêtement » des disciples. Il dévoile *le manque de foi, le manque d'« amor pastoralis » et les rivalités au sujet des places et des dignités.* Les tentations des pasteurs sont restées les mêmes jusqu'à aujourd'hui.

1) Arrêtons-nous pour commencer sur la scène de Marc 6, 30 à 44. Jésus invite ses disciples à se rendre avec lui en barque dans un lieu désert pour s'y reposer un peu. Les foules le comprennent et les y devancent. « En débarquant, il vit une foule nombreuse et il en eut pitié, parce qu'*ils étaient comme des brebis qui n'ont pas de berger*, et il se mit à les enseigner longuement » (Mc 6, 34). L'amour pastoral de Jésus attire les foules, son cœur de pasteur ne se soucie pas de son propre repos, mais des brebis qui n'ont pas de berger. En ce qui concerne les disciples, c'est autre chose : « L'heure étant déjà très avancée, ses disciples s'approchèrent et lui dirent : "L'endroit est désert et l'heure est déjà très avancée ; *renvoie-les* afin qu'ils aillent dans les fermes et dans les villages d'alentour s'acheter de quoi manger" » (6, 35-36). *Renvoie-les !* Ce qu'on peut prendre pour une marque d'intérêt envers les autres est en réalité souci de son propre repos, peur des complications. Et même lorsqu'il s'agit d'une véritable préoccupation envers les hommes et les femmes, elle n'a pas encore été formée à l'école de Jésus qui enseigne : « Donnez-leur vous-mêmes à manger » (6, 37). La mise en relation de ces deux ordres nous fait mal : « Renvoie-les ! » et « Donnez-*leur* à manger ! » C'est là un premier élément de notre examen de conscience. Le caractère spontané de cette réaction des apôtres montre que leurs pensées et leurs désirs n'ont guère été transformés jusqu'ici par « le sens du Christ ».

2) Dans une autre scène, les rôles paraissent intervertis : Jésus agit avec dureté et sans pitié, alors que les disciples semblent pleins de compassion. Jésus se trouve dans la

région païenne de Tyr et de Sidon. Une femme païenne s'approche et implore : « "Aie pitié de moi, Seigneur, fils de David : ma fille est fort malmenée par un démon." Mais il ne lui répondit pas un mot » (Mt 15, 22-23). Le refus de Jésus d'entrer en matière paraît cruel. Il en va tout autrement pour les disciples : « Ses disciples, s'approchant, le priaient : "Fais-lui grâce, car elle nous poursuit de ses cris" »(15, 23). Ils demandent à Jésus d'aider la pauvre femme. Mais ensuite ils dévoilent le véritable motif de leur intervention : « Car elle nous *poursuit* de ses cris ». La femme qui crie *les* gêne. Elle ne leur laisse aucun répit, et de plus dans une région étrangère, païenne. Jésus paraît se durcir encore. Sans un regard pour la femme, il dit : « Je n'ai été envoyé qu'aux brebis perdues de la maison d'Israël » (15, 24). Que ce soit désagréable ou non, cette femme ne le concerne pas. Et Jésus paraît encore plus fermé : « Mais la femme était arrivée et se tenait prosternée devant lui en disant : "Seigneur, viens à mon secours !" Il lui répondit : "Il ne sied pas de prendre le pain des enfants et de le jeter aux petits chiens" » (15, 25-26). On ne peut pas être plus dur : la femme est rejetée comme une « chienne païenne ». Mais tout à coup, « la brèche » qui change tout. « Oui, Seigneur ! dit-elle, et justement les petits chiens mangent des miettes qui tombent de la table de leurs maîtres ! » (15, 27). « Alors Jésus lui répondit : *"O femme, grande est ta foi !* Qu'il t'advienne selon ton désir !" Et de ce moment sa fille fut guéric » (15, 28). Jésus n'était inflexible qu'en apparence. Dès le premier instant, il a reconnu le grand cœur de cette femme. Il la savait disposée à croire. Son attitude fermée était une provocation, la poussant à extérioriser sa foi. Quelle merveille de voir Dieu lui-même, le Fils de Dieu s'exclamer d'admiration devant la foi d'un être humain : « O femme, grande est ta foi ! » Alors que Jésus *paraît* extérieurement se camper dans une attitude de refus, il attend très consciemment cette rencontre. *Sitit sitiri*, il a soif qu'elle ait soif de lui[52]. Il a soif de sa foi à elle, comme lorsqu'il a rencontré la Samaritaine. Les disciples au contraire sont sournoisement prisonniers du souci qu'ils ont d'eux-mêmes. Quel « miroir de pénitence » pour nous, nous permettant de tester notre compassion, de voir s'il ne s'agit pas seulement pour nous, dans ce genre d'occasions, d'« avoir la paix », d'éviter les complications, les réclamations, les scènes pénibles ! La soif du *salut* des hommes, de leur *foi*, de la maturation de leur cœur à travers les épreuves brûle-t-elle en nous ? A quoi ressemble notre *amor pastoralis* au regard de cette scène ?

3) Un petit récit, qui est un nouveau miroir : « On lui présentait des petits enfants pour qu'il les touchât, mais les disciples les rabrouèrent. Ce que voyant, Jésus se fâcha et leur dit : "Laissez les petits enfants venir à moi ; ne les empêchez pas (...)". Puis il les embrassa et les bénit en leur imposant les mains » (Mc 10, 13-16).

L'évangéliste ne dit pas *pourquoi* les disciples parlent rudement aux gens, pourquoi ils les invectivent. Désirent-ils protéger Jésus, écarter de lui une foule importune ? Ou bien trouvent-ils indigne de présenter au Maître des petits enfants ? Les enfants peuvent-ils comprendre quelque chose à son enseignement, à ses paroles ? Ce qui est important, *c'est que* l'évangéliste décrive simplement et honnêtement la colère de Jésus à l'égard de ses disciples.

Une scène, des paroles qui peuvent à nouveau nous renvoyer à nous-mêmes : « Ne les empêchez-pas ! », laissez-les s'approcher de moi !

Les trois scènes nous montrent ce que nous savons (devrions savoir) trop bien : combien de fois empêchons-nous – nous les apôtres et leurs successeurs – les hommes d'aller à Jésus !

---

52. Cf. *CEC* 2561.

Arrêtons-nous brièvement sur deux autres scènes. Elles nous introduisent plus profondément dans *le drame du péché des pasteurs* qui nous est déjà si douloureusement connu grâce à l'Ancien Testament.

4) Cela se passe après la Transfiguration du Seigneur. Jésus a annoncé pour la deuxième fois à ses disciples qu'il devra souffrir, qu'il sera mis à mort, mais qu'il ressuscitera au troisième jour. « Ils vinrent à Capharnaüm ; et une fois à la maison, il leur demandait : "De quoi discutiez-vous en chemin ?" Eux se taisaient, car en chemin ils avaient discuté entre eux qui était le plus grand » (Mc 9, 33-34).

Il annonce qu'il souffrira et eux parlent de préséance et de promotions. Il est difficile de comprendre d'où peut provenir une telle insensibilité. Personne ne *lui* pose de question, personne ne le *console* au su de ses souffrances à venir, ce qui serait la réaction normale. Non, le texte explique : « Mais ils ne comprenaient pas cette parole et ils craignaient de l'interroger » (9, 32). Encore une fois, quel mérite de la part des évangélistes d'avoir conservé à notre intention ce miroir fidèle ! Mais que le silence des disciples face à Jésus est bouleversant ! En chemin, ce silence le laisse seul, alors que tout leur bavardage ne tourne qu'autour d'eux-mêmes ! Comment peuvent-ils être à ce point aveugles à sa souffrance ? Et que son amour pour eux est grand, eux qu'il a lui-même choisis *pour qu'ils soient avec lui*, et dont le cœur et la pensée sont si souvent loin de lui !

5) Une scène nous laisse entrevoir jusqu'où l'amour peut aller. Elle se déroule dans le saint des saints en quelque sorte, dans la salle où Jésus mangea la Pâque avec ses disciples la nuit où il fut livré. « J'ai ardemment désiré manger cette pâque avec vous avant de souffrir » (Lc 22, 15). Ce soir sans égal, où il nous offrit son testament pour que nous l'accomplissions en mémoire de lui jusqu'à son retour, ce soir où il lava les pieds de ses disciples et leur

offrit son corps et son sang, le plus grand don de son amour, ce soir-là « il s'éleva aussi entre eux *une contestation : lequel d'entre eux pouvait être tenu pour le plus grand ?* » (Lc 22, 24). Et pourtant, à cette heure, pas un mot de réprimande ne sort de la bouche de Jésus. Bien plus : « Il leur dit : "Les rois des nations dominent sur elles, et ceux qui exercent le pouvoir sur elles se font appeler Bienfaiteurs. Mais pour vous il n'en va pas ainsi. Au contraire, que le plus grand parmi vous se comporte comme le plus jeune, et celui qui gouverne comme celui qui sert. Quel est en effet le plus grand, celui qui est à table ou celui qui sert ? N'est-ce pas celui qui est à table ? Et moi, je suis au milieu de vous comme celui qui sert !" » (Lc 22, 25-27).

Le Seigneur est *celui qui sert*, il sert même ses disciples qui ont « l'esprit bouché » (cf. Mc 6, 52 ; 8, 17), qui manquent de foi (cf. Mc 4, 40) et dont le cœur est endurci. Il ne les condamne pas, *il ne* les renvoie *pas*. Il les laisse venir à lui. Et à *cette* même heure, après *cette* scène honteuse, il leur adresse des propos qui sont parmi les plus forts, et où l'on doit voir l'institution solennelle de leur ministère : « Vous êtes, vous, ceux qui sont demeurés constamment avec moi dans mes épreuves. » Oh ! que cette persévérance a été peu glorieuse. Mais le Seigneur sait *aussi* qu'ils éprouvaient au moins *le désir* de demeurer avec lui, et qu'ils l'éprouvent toujours, malgré toutes leurs défaillances. « Et moi *je dispose pour vous du Royaume, comme mon Père en a disposé pour moi* : vous mangerez et boirez à ma table en mon Royaume, et vous siégerez sur des trônes pour juger les douze tribus d'Israël » (Lc 22, 28-30).

Ici, en cette heure où tous les apôtres sont déconcertés par *lui*, *il* confirme leur ministère. C'est à ce même moment que, par la prière du Seigneur, Simon Pierre obtient la garantie que *sa foi ne défaillira pas* (cf. Lc 22, 32).

« *Super hanc petram aedificabo Ecclesiam meam* » (Mt 16, 18). Le rocher, c'est d'abord *la foi*, qui reconnaît en

Jésus « le Christ, le Fils du Dieu Vivant[53] ». Le rocher, c'est le Christ lui-même. Ce n'est que par sa puissance et sa parole que Pierre devient lui aussi un roc.

Le ministère est le moyen choisi par le Christ pour que l'Eglise puisse accomplir sa mission. L'indignité de celui qui en est investi « n'empêche pas le Christ d'agir[54] ». Le Seigneur veut se servir de *nous* pour bâtir son Eglise. C'est précisément *cette humilité incroyable du Christ* qui doit émouvoir nos cœurs lourds d'apôtres et en tirer des larmes de repentir (cf. Lc 22, 62) : « Seigneur, tu sais tout, tu sais bien que je t'aime » (Jn 21, 17).

4. L'Eglise née du côté du Christ

Toute la vie terrestre de Jésus est « fondatrice d'Eglise » au sens large que nous avons évoqué lors des trois méditations précédentes.

Avec le *Catéchisme*, il s'agit maintenant de faire un pas de plus : « Mais l'Eglise est née principalement du don total du Christ pour notre salut, anticipé dans l'institution de l'Eucharistie et réalisé sur la Croix. "Le commencement et la croissance de l'Eglise sont signifiés par le sang et l'eau sortant du côté ouvert de Jésus crucifié[55]." "Car c'est du côté du Christ endormi sur la Croix qu'est né l'admirable sacrement de l'Eglise tout entière[56]." De même qu'Eve a été formée du côté d'Adam endormi, ainsi l'Eglise est née du cœur transpercé du Christ mort sur la Croix[57]. »

Le Concile a repris ici un thème fréquemment traité par les Pères. Tout ce qu'elle est, l'Eglise le doit à l'offrande

---

53. *CEC* 424.
54. *CEC* 1584.
55. *LG* 3.
56. *Sacrosanctum concilium*, 5.
57. *CEC* 766.

du Christ sur la croix. C'est *là* que se trouve la source dont elle vit et où elle se régénère. De cette source découlent les sacrements, l'Eucharistie, qui est nommée pour cette raison « source et sommet de toute la vie chrétienne[58] ».

L'Eglise est redevable d'elle-même à la croix. Qu'est-ce que cela signifie pour son être, sa marche dans le temps, pour nous tous comme serviteurs de l'Eglise ?

La croix de Jésus est un événement historique, ce n'est pas une « nécessité de la nature ». C'est un événement voulu, accompli sciemment, mais qui se produisit en même temps « selon le dessein bien arrêté et la prescience de Dieu » (Ac 2, 23).

Ainsi la croix se trouve-t-elle au croisement de l'action humaine historique et du dessein de salut de Dieu. Elle est en même temps l'un des instruments de torture les plus horribles nés de l'imagination perverse de l'homme, et saluée par nous comme « l'unique espérance » : *Ave Crux, spes unica*. Les bras de Jésus démis, étendus sur la croix, quel terrible spectacle ! Et pourtant, ce sont ces bras largement ouverts qui symbolisent et réalisent en même temps sa promesse : « Et moi, une fois élevé de terre, j'attirerai tous les hommes à moi » (Jn 12, 32).

Originaire de la croix, l'Eglise en porte les deux marques : avec le Christ, elle hérite de l'ignominie de la croix et, par lui, elle est signe d'espérance. Avec cette différence de poids : lui seul porte sans tache l'opprobre de la croix. La croix de l'Eglise, c'est toujours aussi la honte de ses membres pécheurs. C'est pourquoi *sa* croix est notre *spes unica* ; aussi selon le *Catéchisme*, nous ne faisons pas profession de croire « *en* l'Eglise, pour ne pas confondre Dieu et ses œuvres et pour attribuer clairement à la bonté de Dieu *tous* les dons qu'Il a mis dans son Eglise[59] ». Voilà pourquoi notre *unique espérance* réside *dans la croix du*

58. *LG* 11, cit. *CEC* 1324.
59. *CEC* 750.

Christ: parce que nous avons *tous* besoin du don de la réconciliation.

Demandons-nous d'abord, dans notre *meditatio crucis*, *comment* on en est arrivé à la mort sur la croix. On verra qu'une recherche historique honnête *n'*éloigne *pas* du mystère de la foi, mais va à sa rencontre. A de nombreux égards, l'exégèse historique a permis de rendre plus clairs les motifs de la mort de Jésus.

1) Comment en est-on arrivé à la mort de Jésus ?

Un élément ressort clairement du témoignage des Evangiles : le véritable motif de la condamnation de Jésus était de nature strictement religieuse. Parce qu'il prétendait agir avec l'autorité appartenant en propre à Dieu, son comportement a été jugé blasphématoire. « Toi, n'étant qu'un homme, tu te fais Dieu » (Jn 10, 33 ; cf. 5, 18). Les conflits de Jésus avec les autorités religieuses de Jérusalem le montrent bien : l'objet profond de la discorde concerne son autorité, son identité en dernière analyse (cf. Mc 12).

Comment un *homme* pourrait-il dire : « Qui aime son père ou sa mère *plus* que *moi* n'est pas digne de *moi*. Qui aime son fils ou sa fille plus que *moi* n'est pas digne de *moi* » (Mt 10, 37) ? Le quatrième commandement n'est-il pas *le premier* concernant *l'amour du prochain* ? Ainsi *cette* exigence de Jésus – être aimé comme un *Dieu* – ressortit-elle aux trois premiers commandements.

Comment un *homme* oserait-il dire : « Quiconque se sera déclaré pour *moi* devant les hommes, le Fils de l'homme aussi se déclarera pour lui devant les anges de Dieu » (Lc 12, 8) ? Le salut *éternel* des hommes dépendrait ainsi de la position prise à l'égard de *Jésus* ?

Nous pressentons l'immense intérêt qui sera accordé par les chefs religieux à ces mots et à de nombreuses autres paroles, faits et gestes de Jésus. On se trouva de plus en plus clairement placé devant un choix décisif : était pour Jésus celui qui acceptait aussi ses paroles et reconnaissait qu'il venait de Dieu. C'est ainsi que les pharisiens et les docteurs de la Loi crurent pouvoir refuser Jésus au nom même de Dieu. Ils dirent non à Jésus en voulant être fidèles à Dieu. Mais s'ils refusent Jésus, comment peuvent-ils expliquer ses bonnes actions, ses guérisons et cette force qu'il avait en lui, du jamais vu, du jamais entendu : « Jamais homme n'a parlé comme cela ! » (Jn 7, 46) ?

Dans cette situation dramatique, en faisant mettre à mort Jésus, ils ont cru « rendre un culte à Dieu » (Jn 16, 2). La mort de Jésus était-elle *inéluctable* ? Etait-ce comme dans une tragédie grecque où tout concourt inexorablement à la catastrophe ? L'issue aurait-elle pu être différente ?

De tout l'amour de son cœur, avec toute sa passion, Jésus n'a-t-il pas tenté de gagner Israël à sa cause ? N'a-t-il pas tout fait pour pousser son peuple à la conversion ? Les larmes touchantes qu'il versa sur Jérusalem montrent toute la profondeur de l'engagement du Seigneur. Comme il s'approchait de la ville, à l'endroit où les pèlerins exultaient de joie en apercevant la ville et le temple (cf. Ps 122 (121)), Jésus pleura en disant : « Ah ! si en ce jour tu avais compris, toi aussi, le message de paix ! Mais non, il est demeuré caché à tes yeux » (Lc 19, 42). A quoi il faut ajouter cette autre plainte de Jésus, la grande plainte de Dieu au sujet de « son premier amour » : « Jérusalem, Jérusalem, toi qui tues les prophètes et lapides ceux qui te sont envoyés, *combien de fois j'ai voulu rassembler tes enfants* à la manière dont une poule rassemble sa couvée sous ses ailes..., *et vous n'avez pas voulu !* » (Lc 13, 34).

Alors, c'est l'incrédulité des juifs qui a entraîné la mort de Jésus ? Ils n'ont pas reconnu « le temps où tu fus visitée » (Lc 19, 44). « Vous n'avez pas voulu... » Jésus a décrit cette situation dans une petite parabole : « A qui donc vais-je comparer les hommes de cette génération ? A qui ressemblent-ils ? Ils ressemblent à ces gamins qui sont assis sur une place et s'interpellent les uns les autres, en disant : "Nous avons joué de la flûte, et vous n'avez pas dansé ! Nous avons entonné un chant funèbre, et vous n'avez pas pleuré !" » (Lc 7, 31-32).

Mais d'où provient ce « ne-pas-jouer-avec », ce « *ne-pas-vouloir* » ? Quand on l'eut crucifié, Jésus pria : « Père, pardonne-leur : ils ne savent ce qu'ils font » (Lc 23, 34). Cela ne concerne-t-il directement que ceux qui le crucifièrent ? Après la Pentecôte, Pierre lui-même dira : « Frères, je sais que c'est par ignorance que vous avez agi, ainsi d'ailleurs que vos chefs » (Ac 3, 17). « S'ils l'avaient connue (la sagesse de Dieu), en effet, ils n'auraient pas crucifié le Seigneur de la Gloire » (1 Co 2, 8), confirme S. Paul.

Par ignorance : cela signifie-t-il aussi sans avoir commis de faute ? Il y a une histoire *concrète* de la faute liée à la crucifixion, cela ne fait pas de doute. Elle débute par l'endurcissement du cœur de ceux qui se scandalisent des guérisons opérées par Jésus (cf. Mc 3, 1-6). Il y a là un *refus* de voir et d'entendre. Mais il y a aussi la fuite et la trahison des disciples, les calculs politiques de l'aristocratie liée au Temple, la lâcheté du gouverneur romain, le manque de courage des membres du sanhédrin. *D'autres cercles de culpabilité sont repérables* derrière cet étroit cercle de manquements particuliers, d'omissions, de trahisons dont l'accumulation a conduit à la condamnation à mort de Jésus. Il y a toute la faute passée d'Israël. Génération après génération (« *Combien de fois* n'ai-je pas essayé de rassembler tes enfants autour de moi... »), Israël a dit non à son Dieu : « Et vous *n'*avez *pas* voulu. »

Mais n'est-ce que la longue histoire de la faute d'Israël qui fait ici une victime innocente ? *D'autres* cercles de fautes et de péchés, plus larges, se dessinent, les uns après les autres, à la suite du premier *non*, le plus lourd de conséquences, le non du péché originel. Tous les non qui ont été opposés à Dieu se retrouvent dans cette heure du rejet de Jésus. Car à cette même heure le oui de Dieu tout entier est en jeu. Y a-t-il un plus grand péché que le refus de Jésus, lui par qui Dieu nous a accordé toute faveur (cf.

Rm 8, 32) ? Davantage : au cœur du péché, de tout péché, il y a un refus de Jésus, le Fils de Dieu, la Parole éternelle, par laquelle tout a été créé et à laquelle tout appartient : « Il est venu *chez lui*, et les siens ne l'ont pas accueilli » (Jn 1, 11).

La crucifixion du Christ a été le fait d'hommes particuliers, qui vivaient lorsque Ponce Pilate était gouverneur romain de Judée. Mais elle ne résulte pas seulement de leurs actes individuels isolés. Derrière ce qu'ils ont fait, il y a *tous* les péchés de tous les temps, car tout péché est un non au « droit de propriété » de Dieu. *Tout* péché ressemble au péché originel : ne pas croire en lui. C'est parce que ceux qui l'ont rejeté n'ont pas *cru* en lui qu'ils l'ont fait crucifier.

Le *Catéchisme* répond ainsi à la question de savoir qui a causé la Passion de Jésus : avec la faute originelle, ce sont *tous* les péchés et les vices qui ont existé depuis le commencement du monde et qui existeront jusqu'à son terme, qui sont à l'origine de cette souffrance[60].

Seul l'Esprit Saint peut dévoiler *cette* dimension de la croix qui reste inaccessible à celui qui considère l'événement d'une manière purement historique. Jésus dit que l'Esprit Saint « établira la culpabilité du monde » et que le péché, c'est de *ne pas croire en lui* (Jn 16, 8-9).

Nous l'avons crucifié. S. Paul n'eut accès à ce savoir bouleversant que lorsqu'il eut rencontré le Ressuscité. Jésus a été crucifié *par mes péchés*. Paul put le reconnaître lorsqu'il reçut cette révélation foudroyante : « Jésus est mort *pour mes péchés.* » Paul n'accéda à la terrible vérité de son implication dans la crucifixion du Christ qu'à la lumière de cette autre vérité où il voit le condensé de la foi à laquelle il s'est converti : « Le Fils de Dieu *m*'a aimé et s'est livré *pour moi* » (Ga 2, 20).

60. Cf. *CEC* 598.

2) « Mort *pour* nos péchés, conformément aux Ecritures ».

Nous l'avons vu, toute l'importance de cette question de la faute ayant causé la mort de Jésus ne peut apparaître que lorsque nous reconnaissons dans la foi *qui* est celui qui a été livré à la mort. Comment est-il possible que le Fils de Dieu ait été mis à mort par ses propres créatures ? « Il est venu chez lui, et *les siens* ne l'ont pas accueilli. » Nous pressentons que *ce* refus ne se réduit pas à un accident fâcheux dans une histoire mondiale riche en injustices du même genre. *Dans le rejet de Jésus se retrouve tout ce qui a été, est et sera péché. Oui, ce qu'est précisément le péché, son poids, cela ne devient visible que sur la croix : au prix infini qu'a coûté son rachat.*

Dans son célèbre dialogue *Cur Deus homo*, S. Anselme de Cantorbéry dit à son élève Boso : « *Nondum considerasti quanti ponderis sit peccatum* », « Tu n'as pas encore réfléchi à la gravité du péché[61] ». Nous avons pour le moins de la peine à nous faire une idée de ce poids. Il n'y a que la croix sur laquelle le Fils de Dieu a enlevé « le péché du monde » qui révèle que le péché est fondamentalement un refus des droits de possession de Dieu, et par là une négation de la vérité nous concernant (« Tout *lui* appartient ») et finalement un rejet de Dieu.

Et c'est précisément cette croix que Dieu transforme en instrument de salut.

Dans la parabole des vignerons homicides, la logique du récit réclame une peine draconienne pour prix du meurtre vil et monstrueux du fils et héritier : « Que fera le maître de la vigne ? Il viendra, fera périr les vignerons et donnera la vigne à d'autres » (Mc 12, 9). Ce serait *la solution* normale, étant donné la faute des vignerons. Celle qui devrait s'appliquer à nous aussi.

61. *Pourquoi Dieu s'est fait homme*, I, 21, Sources chrétiennes 91, Paris, Cerf, 1963, p. 323.

Au lieu de cette issue, l'inimaginable : Dieu lui-même transforme le rejet de son Fils par les pécheurs en pardon des péchés. *La rédemption de la faute elle-même remplace la sanction de la faute par une peine méritée.*

Au lieu de rejeter et de faire périr les vignerons pour les punir de leur forfait, le propriétaire de la vigne agit d'une manière impensable : il livre son fils entre leurs mains. Leur forfait « réalise » son bienfait. Le fils meurt *des* mains de ses meurtriers. Mais c'est le père qui l'a livré entre leurs mains pour qu'il meure *pour* eux.

Pierre affirme dans son discours de la Pentecôte à Jérusalem : « Cet homme qui avait été livré selon le dessein bien arrêté et la prescience de Dieu, vous l'avez pris et fait mourir en le clouant à la croix par la main des impies, mais Dieu l'a ressuscité » (Ac 2, 23-24).

Le mystère de la providence n'a jamais été aussi intensément à l'œuvre : grâce à une décision de Dieu incompréhensiblement favorable, un crime commis par les hommes se révèle un bienfait *de Dieu* en notre faveur. « L'analogie de la foi » vient à nouveau à notre secours. A la fin du récit de Joseph et des ses frères, après qu'ils aient pris conscience de la faute commise envers lui, Joseph leur dit : « Le mal que vous aviez dessein de me faire, le dessein de Dieu l'a tourné en bien, afin d'accomplir ce qui se réalise aujourd'hui : sauver la vie à un peuple nombreux » (Gn 50, 20).

Le *Catéchisme* ajoute : « Du mal moral le plus grand qui ait jamais été commis, le rejet et le meurtre du Fils de Dieu, causé par les péchés de tous les hommes, Dieu, par la surabondance de sa grâce, a tiré le plus grand des biens : la glorification du Christ et notre Rédemption. Le mal n'en devient pas pour autant un bien[62]. »

3) Rachetés par la croix de Jésus.

Sur la croix, Jésus a triomphé de tous les « non » opposés par les hommes à Dieu, en jetant un grand cri d'ac-

62. *CEC* 312.

quiescement : « Tout est achevé. » Le péché du monde, tous les non à Dieu l'ont mené à la croix. Sur la croix, Jésus l'a emporté sur le non.

A Gethsémani, Jésus a totalement accepté la volonté du Père. Il s'est laissé livrer pour nous. Et lorsque sa volonté humaine a dit oui (« Non pas ma volonté, mais la tienne... »), il a prononcé pour nous tous le oui libérateur à la volonté du Père. « Son Fils bien-aimé, *en qui nous avons la rédemption* » (Col 1, 13-14) : dans le oui de Dieu à notre égard et dans le oui de l'homme à Dieu.

La Rédemption signifie donc : *lui* pour *moi*, lui à ma place. « Il *m'*a aimé et s'est livré *pour moi.* » Nous retrouvons la parabole de Marc 12 : les mauvais vignerons ont tué le dernier envoyé, le fils : nous avons crucifié « le Seigneur de Gloire ». Mais cela n'a pas conduit à notre condamnation : s'il s'est laissé atteindre par nous, c'était pour nous ; il s'est livré pour nous. Ce « pour nous » du Christ *précède* tout ce que nous pouvons faire et a plus de portée que tous nos manquements.

La question reste ouverte, sans réponse à première vue : étant donné *la prévenance* du « pour nous », quelqu'un ou quelque chose peuvent-ils encore être « contre nous » : la mort, le démon ou nous-mêmes ? « Qui nous séparera de l'amour du Christ ? » (Rm 8, 35). Paul en est certain, il n'y a *rien* qui puisse le séparer du Christ. Même pas mon propre non ? mon « je ne veux pas » ? Il n'y a donc pas de risque que je m'enferme dans un non définitif ?

Pourquoi alors disons-nous dans le Canon romain : « Arrache-nous à la damnation » ? Pourquoi prions-nous en silence avant de recevoir la sainte communion : « Que ton corps et ton sang me délivrent de mes péchés et de tout mal ; fais que je demeure fidèle à tes commandements et *que jamais je ne sois séparé de toi* » ?

Des mots qui auraient fait pleurer le saint curé d'Ars chaque fois qu'il les prononçait...

IV

L'ÉGLISE MANIFESTÉE GRÂCE À L'EFFUSION DE L'ESPRIT SAINT

1. Il remit l'esprit

« "Une fois achevée l'œuvre que le Père avait chargé son Fils d'accomplir sur la terre, *le jour de Pentecôte*, l'Esprit Saint fut envoyé pour sanctifier l'Eglise en permanence[1]." C'est alors que "l'Eglise se manifesta publiquement devant la multitude et que commença la diffusion de l'Evangile avec la prédication[2]." Parce qu'elle est "convocation" de tous les hommes au salut, l'Eglise est, par sa nature même, missionnaire envoyée par le Christ à toutes les nations pour en faire des disciples[3]. »

Avons-nous oublié jusqu'ici l'Esprit Saint ? Nous avons parlé de la création, de l'Ancienne Alliance, du Christ, sans mentionner explicitement le Saint-Esprit. Ne s'agit-il là que d'une distraction de ma part ? Une distraction qui témoignerait tout simplement de cette réalité : l'ignorance, l'oubli fréquent de l'Esprit Saint ? Peut-être même en va-t-il comme autrefois, à Ephèse, lorsque Paul rencontra quelques disciples qui durent lui avouer très franchement : « Nous n'avons même pas entendu dire qu'il y a un Esprit

1. *LG* 4.
2. *Ad gentes*, 4.
3. *CEC* 767.

Saint » (Ac 19, 2) ? Mais peut-être cet « oubli » nous apprend-il quelque chose sur le Saint-Esprit lui-même ?

A ce sujet, nous pouvons lire, au troisième chapitre de la première partie du *Catéchisme*, au chapitre consacré à l'Esprit Saint : « "Nul ne connaît ce qui concerne Dieu, sinon l'Esprit de Dieu" (1 Co 2, 11). Or, son Esprit qui Le révèle nous fait connaître le Christ, son Verbe, sa Parole vivante, *mais ne se dit pas Lui-même*. Celui qui "a parlé par les prophètes" nous fait entendre la Parole du Père. *Mais Lui, nous ne L'entendons pas.* Nous ne Le connaissons que dans le mouvement où Il nous révèle le Verbe et nous dispose à L'accueillir dans la foi. L'Esprit de Vérité qui nous "dévoile" le Christ "ne parle pas de Lui-même" (Jn 16, 13). *Un tel effacement, proprement divin*, explique pourquoi "le monde ne peut pas Le recevoir, parce qu'il ne Le voit pas, ni ne Le connaît", tandis que ceux qui croient au Christ Le connaissent parce qu'Il demeure avec eux (Jn 14, 17)[4]. »

Ainsi le Saint-Esprit précède-t-il partout la foi, l'éveille, la guide et la dirige. Mais « Il est dernier dans la révélation des Personnes de la Trinité Sainte[5] ». Le but de la catéchèse est de « mettre en communion avec Jésus-Christ[6] ». Et le but de *l'Eglise* est le même : la pleine communion de vie avec le Christ. « Pour être en contact avec le Christ, il faut d'abord avoir été touché par l'Esprit Saint[7]. »

Comment cela se produit-il ? *Comment* l'Esprit Saint *opère*-t-il ? *Comment révèle-t-il le Christ ?* S'il ne touche pas les cœurs de l'intérieur, s'il ne leur prodigue pas son enseignement, alors la meilleure prédication reste sans effet. Les Actes des Apôtres mettent en évidence le rôle déterminant joué par l'Esprit Saint dans la propagation de l'Evangile. Ils montrent comment il « ouvre les portes » à l'Evangile – ou les ferme (cf. Ac 16, 6.7.14).

4. *CEC* 687.
5. *CEC* 684.
6. *CEC* 426.
7. *CEC* 683.

L'Esprit est à l'œuvre dès les débuts. On ne peut pas le séparer du Verbe qui était « au commencement » (Jn 1, 1). Et comme le Verbe, il était Dieu (cf. Jn 1, 1). L'Esprit Saint opère tout dans la création et dans les Alliances, à l'instar du Verbe, du *Logos*.

Le *Catéchisme* propose une véritable catéchèse sur *l'action cachée* de l'Esprit Saint, de la création jusqu'à « la Plénitude du temps » (Ga 4, 4)[8]. Cette catéchèse doit aider à retrouver dans l'Ancien Testament « ce que l'Esprit, "qui a parlé par les prophètes", veut nous dire du Christ[9] ». Même si ce n'est qu'à gros traits, le *Catéchisme* montre comment pratiquer une exégèse du type de celle qui a été souhaitée par le Concile. On peut lire dans *Dei Verbum* un texte de la plus haute importance : « La Sainte Ecriture doit être lue et interprétée à la lumière du même Esprit qui la fit rédiger[10]. »

« Du commencement jusqu'à "la Plénitude du temps" (Ga 4, 4), la mission conjointe du Verbe et de l'Esprit du Père demeure *cachée*, mais elle est à l'œuvre. L'Esprit de Dieu y prépare la venue du Messie, et l'un et l'autre, sans être encore pleinement révélés, y sont déjà promis afin d'être attendus et accueillis lors de leur manifestation[11]. »

La catéchèse consacrée à l'Esprit Saint dans l'Ancien Testament ne fait pas appel à une lecture *allégorique* de ce texte. De la création à Jean le Baptiste[12], elle discerne dans les événements concrets et les étapes de l'Ancienne Alliance une préparation patiente de la venue du Christ. L'Esprit, le « dispensateur de vie », est partout à l'œuvre, mais sans qu'on le reconnaisse, sans qu'il ait été « donné ». « Car il n'y avait pas encore d'Esprit, parce que Jésus n'avait pas encore été glorifié » (Jn 7, 39), peut-on

8. Cit. *CEC* 702.
9. *Ibid.*
10. *Dei Verbum*, 12, 3 ; cit. *CEC* 111.
11. *CEC* 702.
12. Cf. *CEC* 703-720.

lire dans ce passage de l'Evangile selon S. Jean qui a été si souvent commenté par les Pères[13]. « Le dernier jour de la fête, le grand jour, Jésus, debout, s'écria : "Si quelqu'un a soif, qu'il vienne à moi, et qu'il boive, celui qui croit en moi !" selon le mot de l'Ecriture : De son sein couleront des fleuves d'eau vive. Il parlait de l'Esprit que devaient recevoir ceux qui avaient cru en lui ; car il n'y avait pas encore d'Esprit, parce que Jésus n'avait pas encore été glorifié » (Jn 7, 37-39).

« Mais c'est dans les "derniers temps", inaugurés par l'Incarnation rédemptrice du Fils, qu'Il (l'Esprit) est *révélé* et *donné*, *reconnu* et *accueilli* comme Personne. Alors ce dessein divin, achevé dans le Christ, « Premier-Né » et Tête de la nouvelle création, pourra prendre corps dans l'humanité par l'Esprit répandu : l'Eglise[14]. »

L'Eglise a certes été *manifestée* à l'heure de la Pentecôte, mais l'Esprit Saint a d'abord été *donné sur la croix.* « Car *il n'y avait pas* encore d'Esprit, parce que Jésus n'avait pas encore été glorifié » (Jn 7, 39). Jésus fut glorifié *sur la croix.* C'est alors, dans l'amour « jusqu'à la fin » (Jn 13, 1), que l'Esprit a été envoyé. Là, à *cette* heure, « s'accomplit l'œuvre de notre rédemption ». C'est pourquoi nous allons revenir encore une fois au *mystère de la croix* et poursuivre la méditation entamée au chapitre précédent sur la naissance de l'Eglise « *ex latere Christi* », en nous intéressant au *don de l'Esprit Saint* à l'heure de la glorification de Jésus. Car la croix, le mystère pascal, reste la source d'où coulent sur l'Eglise « les fleuves d'eau vive », le Saint-Esprit, qu'à son tour elle peut répandre.

Nous avons vu plus haut que la condamnation et la mise à mort de Jésus étaient en même temps un forfait humain et l'œuvre de salut de Dieu. Le Nouveau

13. Cf. H. RAHNER, « Flumina de ventre Christi. Die patristische Auslegung von Joh 7, 37.38 », dans *op. cit.*, pp. 177-235.

14. *CEC* 686.

Testament utilise un langage particulier pour exprimer ce mélange d'acte humain coupable et d'opération de la grâce. Le terme « livrer », quelquefois « remettre » (en grec *paradidonai*, en latin *tradere*) est utilisé à la fois pour l'œuvre de salut de Dieu et pour l'acte humain mauvais. Ainsi dit-on de Judas qu'il a « livré » Jésus (*tradidit illum*, Mt 10, 4 et ailleurs) ou encore que Jésus a été « livré aux mains des pécheurs » (Lc 24, 7 ; cf. aussi Mc 9, 31). Mais le même mot est aussi utilisé pour parler du décret divin. On le retrouve à la forme passive : « *Livré* pour nos fautes » (Rm 4, 25) ou expressément, en faisant allusion au sacrifice d'Abraham : « Lui qui n'a pas épargné son propre Fils mais l'a *livré pour nous tous* » (Rm 8, 32). Paul affirme aussi plusieurs fois que le Christ s'est « livré » *lui-même, pour lui*, Paul (Ga 2, 20), *pour nous* (Ep 5, 2), *pour l'Eglise* (Ep 5, 25). Le même mot revient à une autre occasion : « *Tout* m'a été *remis* par mon Père » (Mt 11, 27).

Face à la croix, qui est en même temps œuvre des pécheurs et œuvre de salut de Dieu, Paul s'interroge : « Comment avec lui ne nous accordera-t-il pas *toute* faveur ? » (Rm 8, 32). Ce « *toute* », c'est lui, le Fils bien-aimé du Père. Le Saint Père écrit dans l'encyclique consacrée à l'Esprit Saint, *Dominum et Vivificantem* : « Déjà, dans le fait de "donner" le Fils, dans *le don* du Fils, s'exprime l'essence la plus profonde de Dieu qui, comme Amour, est une source inépuisable de libéralités. *Dans le don fait par le Fils* s'achèvent la révélation et la libéralité de l'Amour éternel : *l'Esprit Saint*, qui dans les profondeurs insondables de la divinité est une Personne-Don, par l'œuvre du Fils, c'est-à-dire par le mystère pascal, est donné d'une manière nouvelle aux Apôtres et à l'Eglise et, à travers eux, à l'humanité et au monde entier[15]. »

15. Lettre encyclique *Dominum et Vivificantem*, 23.

Pour notre réconciliation, le Père a livré son propre Fils, son Verbe éternel, le *Verbum spirans amorem* (le Verbe qui respire l'amour), pour reprendre la merveilleuse expression de S. Thomas. Et le Fils s'est « livré » au Père par amour pour nous, il s'est livré pour nous par amour du Père : « "Père, en tes mains je remets mon esprit." Ayant dit cela, il expira » (Lc 23, 46). Et S. Jean : « Il remit l'esprit » (*tradidit spiritum*) (Jn 19, 30). « L'esprit » dont il est question ici – selon l'exégèse moderne, mais aussi dans l'interprétation la plus courante des Pères – c'est l'âme, l'esprit humain. Mais l'événement est lui-même ouvert sur *l'Esprit* que Jésus a promis et qui est alors *donné* : le Fils offre *tout* sur la croix, toute sa vie. En tant qu'homme qui meurt, il est le *Verbum spirans amorem.*

La Très Sainte Trinité se révèle sur la croix. Le Père a *tout* donné : son Fils. Le Fils a *tout* offert : sa vie. Tous deux font *le don de l'amour en personne* : le Saint-Esprit.

Si le Christ était resté prisonnier de la mort, tout cela ne serait qu'un beau rêve. *Il est ressuscité !* Il est « ressuscité des morts par la gloire du Père » (Rm 6, 4). Et le premier don du Ressuscité, c'est l'Esprit Saint. Mais avant de « souffler sur eux » et de dire : « Recevez l'Esprit Saint » (Jn 20, 22), il leur montre ses mains et son côté (Jn 20, 20). Le Pape dit à ce propos dans son encyclique : « Il leur donne cet Esprit en quelque sorte *à travers les plaies* de sa crucifixion (...). *C'est en vertu de cette crucifixion qu'il leur dit : "Recevez l'Esprit Saint." Un lien étroit* s'établit ainsi *entre l'envoi du Fils et celui de l'Esprit Saint. L'envoi de l'Esprit Saint* (après le péché originel) *ne peut avoir lieu sans la Croix et la Résurrection.* (...) La mission du Fils, en un sens, trouve son "achèvement" dans la Rédemption. La mission de l'Esprit Saint "découle" de la Rédemption (...). La Rédemption est *accomplie pleinement* par le Fils (...) s'offrant lui-même à la fin en sacrifice suprême sur le bois de la Croix. Et cette Rédemption est aussi accomplie continuellement dans les cœurs et les consciences des hommes – dans l'histoire du monde – par l'Esprit Saint qui est l'"autre Paraclet"[16]. »

Nous revenons ainsi au point de départ de notre méditation : la « manifestation » de l'Eglise a commencé le jour de la Pentecôte, par l'Esprit Saint. C'est là le début du « temps de l'Eglise », de sa croissance extérieure et intérieure, visible et spirituelle. Mais c'est sur la croix que l'Esprit Saint est *donné*, et cette source *reste* l'origine de l'Eglise. Le cœur transpercé du Sauveur reste la source de l'amour infini d'où se répand sur nous l'Esprit Saint[17].

C'est pourquoi « le temps de l'Eglise » n'est pas une ère différente de celle du Seigneur crucifié et ressuscité qui nous envoie l'Esprit du Père. Le temps de l'Eglise est celui de l'Esprit Saint que le Christ a insufflé sur la croix et au soir de Pâques. Il n'y aura pas de « nouvelle ère » (New Age), pas d'autre ère que « les derniers temps » où nous sommes depuis Pâques. Et l'Esprit Saint ne nous mène nulle part sinon à celui dont il reçoit le bien qu'il nous donne (cf. Jn 16, 14) : *au Christ.*

Mais l'Eglise est le lieu « où fleurit l'Esprit » (*locus ubi Spiritus Sanctus floret*[18]). Et S. Irénée de dire : « C'est en elle (dans l'Eglise) qu'a été déposée *la communion avec le Christ*, c'est-à-dire l'Esprit Saint (...). Car là où est l'Eglise, là est aussi l'Esprit de Dieu ; et là où est *l'Esprit de Dieu*, là est l'Eglise et toute grâce[19]. »

A quoi le reconnaissons-nous cet Esprit de vérité et d'amour ? Comment distinguer son œuvre, celle de « l'Esprit de Vérité, que le monde ne peut pas recevoir, parce qu'il ne le voit pas ni ne le reconnaît » (Jn 14, 17), de celle des autres esprits, bons et mauvais ? Rien n'est aussi nécessaire dans notre service pastoral que *le don du*

---

16. *Id.*, 24.
17. Cf. *CEC* 478.
18. HIPPOLYTE DE ROME, *Traditio apostolica*, 35 ; cit. *CEC* 749.
19. Cit. *CEC* 797.

discernement, afin que nous « n'éteignions pas l'Esprit » (1 Th 5, 19), afin que nous nous laissions guider par l'Esprit (cf. Rm 8, 14 ; Ga 5, 18). Car c'est alors seulement que nous sommes libres, fils de Dieu, véritablement l'Eglise, c'est-à-dire la famille de Dieu. Et ce n'est qu'alors que nous trouvons ce bonheur auquel nous aspirons et qui ne peut nous être offert que dans l'Esprit Saint, le *dulcis hospes animae*, « le doux hôte de l'âme ».

2. Regarde la foi de ton Eglise

L'Eglise est, selon l'expression du Concile, une « communauté de foi, d'espérance et de charité[20] ». Cette définition précède toutes les autres définitions relatives au mystère de l'Eglise. Nous allons réfléchir sur la « *manifestation* » de l'Eglise par l'Esprit Saint. Nous pourrions évoquer de nombreux aspects de cette manifestation *publique* de l'Eglise. « L'Eglise, rappelle le premier Concile du Vatican, en raison de sa sainteté, de son unité catholique, de sa constance invaincue, est elle-même un grand et perpétuel motif de crédibilité et une preuve irréfragable de sa mission divine[21]. » Mais dans la perspective d'ensemble de cette retraite, ce sont moins ces signes extérieurs que *le principe de vie intérieur* de l'Eglise qui doit retenir notre attention.

« L'âme » de l'Eglise, c'est le Saint-Esprit. « C'est à l'Esprit du Christ comme à un principe caché qu'il faut attribuer que toutes les parties du Corps soient reliées, aussi bien entre elles qu'avec leur Tête suprême, puisqu'il réside tout entier dans la Tête, *tout entier* dans le Corps, *tout entier* dans chacun de ses membres[22]. »

---

20. *LG* 8, cit. *CEC* 771.

21. *Denzinger-Schönmetzer* (*DS*), *Enchiridion Symbolorum, definitionum et declarationum de rebus fidei et morum*, 3013 ; cit. *CEC* 812.

22. PIE XII, *Mystici Corporis* ; *DS* 3808 ; cit. *CEC* 797.

L'Esprit Saint est « le Principe de toute action vitale et vraiment salutaire en chacune des diverses parties du Corps[23] ».

C'est pourquoi le cardinal Charles Journet, le grand théologien de l'Eglise, appelle l'Esprit Saint « l'âme incréée de l'Eglise », c'est-à-dire l'âme divine de l'Eglise, alors qu'il voit dans *l'amour* « l'âme créée de l'Eglise[24] ».

Parmi *toutes* les actions vitales et vraiment salutaires opérées par l'Esprit Saint dans l'Eglise et en chacun de ses membres, *les vertus théologales* prédominent[25], car elles « se réfèrent directement à Dieu. Elles disposent les chrétiens à vivre en relation avec la Sainte Trinité. Elles ont Dieu Un et Trine pour origine, pour motif et pour objet[26] ».

« Les vertus théologales fondent, animent et caractérisent l'agir moral du chrétien. Elles informent et vivifient toutes les vertus morales. Elles sont infusées par Dieu dans l'âme des fidèles pour les rendre capables d'agir comme ses enfants et de mériter la vie éternelle. Elles sont le gage de la présence et de l'action du Saint-Esprit dans les facultés de l'être humain[27]. »

La « manifestation » *décisive* de l'Eglise, par la puissance de l'Esprit Saint, c'est donc ce que les théologiens appellent « la vie théologale » : *la foi, l'espérance et la charité*, ces vertus qui nous rendent « participants de la divine nature » (2 P 1, 4), qui nous « *mettent en communion avec Jésus-Christ*[28] ».

Les trois prochaines méditations seront ainsi consacrées aux vertus théologales. Au long de ce parcours, nous ne pourrons faire qu'un nombre limité de suggestions pour notre méditation personnelle, tirées de ce vaste domaine

23. *Mystici Corporis*, cit. *CEC* 798.
24. Cf. C. JOURNET, *Théologie de l'Eglise*, Desclée, 1987.
25. Cf. *CEC* 798.
26. *CEC* 1812.
27. *CEC* 1813.
28. *CEC* 426.

constitué par la foi, l'espérance et la charité. Et nous nous intéresserons d'abord à *la foi.*

« *Par la foi* l'homme soumet complètement son intelligence et sa volonté à Dieu. De tout son être l'homme donne son assentiment à Dieu Révélateur. L'Ecriture Sainte appelle "obéissance de la foi" cette réponse de l'homme au Dieu qui révèle[29]. » C'est la « définition » que le *Catéchisme* donne de la foi. Elle est reprise presque textuellement de *Dei Verbum.* Mais on lui a reproché d'être trop intellectuelle, trop volontariste, de ne pas mettre suffisamment en relief *la confiance.* Peut-être en effet ne met-elle pas assez en exergue le fait que *le consentement* de la raison et de la volonté ne résulte pas seulement des efforts de la volonté et de l'intelligence humaines. Dans *l'acquiescement,* l'« *assensus* » de la foi, il y a plus : on y « *touche* » vraiment Dieu, il y a un *contact réel,* une véritable *participation* à Dieu. C'est là ce que les vertus théologales ont d'incomparable : elles « atteignent » réellement Dieu. Une « *union vitale* » avec le Dieu vivant, le Dieu-Trinité, s'instaure en elles et par elles. *C'est pourquoi* les vertus théologales sont « *le milieu de vie* » de l'Eglise, *quand* celle-ci est vraiment « le Peuple qui tire son unité de l'unité du Père et du Fils et de l'Esprit Saint[30] ».

S. Jean de la Croix peut ainsi affirmer : « La foi nous communique et nous donne Dieu lui-même[31]. » Pour la même raison, il dit encore que la foi « est le seul moyen prochain de l'union avec Dieu et le seul qui lui soit proportionné[32] ». On comprend aussi pourquoi S. Thomas peut écrire que la foi est l'*inchoatio visionis,* le commencement – certes encore obscur – de la vision béatifique[33].

29. *CEC* 143.
30. S. Cyprien, cit. *CEC* 810.
31. *Cantique spirituel A*, str. 11, dans *op. cit.*, p. 397.
32. *La montée du Carmel*, l. 2, c. 9, *id.*, p. 663.
33. *Summa theologiae*, IIa IIae, q. 4, a. 1 ; cf. *CEC* 163.

Car, de la même manière que celle-ci nous unira totalement à Dieu, la foi nous unit déjà à lui. Il n'y a pas de différence de nature entre la vision et la foi. Toutes deux nous *unissent* à Dieu, la foi dans l'obscurité du cheminement terrestre, la vision dans la clarté de la lumière éternelle.

Le grand cadeau du Carmel à l'Eglise, ce n'est pas seulement le nombre de saints formés à son école – si nombreux qu'un dominicain pourrait en être jaloux ! C'est aussi la pratique de l'*oración*, de la prière intérieure, vécue et enseignée par ces saints. Qu'est-ce que *l'oración* ? Tout simplement un « contact vivant avec Dieu ». Un grand maître du Carmel en ce siècle, le fondateur de l'Institut séculier Notre-Dame de Vie, le P. Marie-Eugène de l'Enfant-Jésus (sa béatification est attendue pour bientôt) utilise cette image concrète pour décrire *l'oraison* : lorsque je fais naître en moi un acte de foi, mon âme « touche » Dieu aussi infailliblement que ma main se mouille lorsque je la plonge dans l'eau. Quel que puisse être mon état physique ou psychique, « je sais, dit en substance sainte Thérèse d'Avila, que je peux me mettre en relation avec Dieu par un simple acte de foi[34] ».

Mais le propre des vertus théologales, c'est d'être inaccessibles à *l'expérience* humaine. Ai-je la foi ? Ai-je l'espérance et la charité ? Je ne peux pas le savoir en me fiant à ce que je ressens, à mon *expérience* psychique. La vie divine est cachée en nous, mais pas moins réelle pour autant. Le P. Marie-Eugène de l'Enfant-Jésus affirme : « Quelle que soit la perception psychologique ou l'absence de perception, en disant "Je crois... sur l'autorité de Dieu" l'âme fait un acte surnaturel, la vertu de foi est entrée en action[35]. »

---

34. Cf. *Le chemin de la perfection*, c. 28, dans *Œuvres complètes*, Paris, Seuil, 1949, p. 711.

35. *Je veux voir Dieu,* déjà cité, p. 464.

Et voici la leçon du *Catéchisme* : « Le *motif* de croire n'est pas le fait que les vérités révélées apparaissent comme vraies et intelligibles à la lumière de notre raison naturelle. Nous croyons "à cause de l'autorité de Dieu même qui révèle et qui ne peut ni se tromper ni nous tromper"[36]. »

Croire parce que Dieu est Dieu, donc infiniment *crédible* : c'est là le *fondement* de notre foi. Mais ce qui rend cela possible, c'est Dieu lui-même qui le donne : « Pour exister, cette foi requiert la grâce prévenante et aidante de Dieu, ainsi que les secours intérieurs du Saint-Esprit pour toucher le cœur et le tourner vers Dieu, pour ouvrir les yeux de l'esprit et donner "à tous la douceur de consentir et de croire à la vérité"[37]. »

C'est pourquoi *accorder sa foi à Dieu*, reconnaître qu'il est vraiment Dieu, c'est déjà le célébrer, l'adorer : « Je sais en qui j'ai mis ma foi » (2 Tm 1, 12). Pour cette raison il est si important que notre prédication parle de la vertu théologale de la foi et invite à l'accueillir. C'est là une nourriture substantielle pour les croyants.

Le *Catéchisme* enseigne que nous prêtons foi à *Dieu* : « La foi est *certaine*, plus certaine que toute connaissance humaine, parce qu'elle se fonde sur la Parole même de Dieu, qui ne peut pas mentir. Certes, les vérités révélées peuvent *paraître obscures* à la raison et à l'expérience humaines, mais "la certitude que donne la lumière divine est plus grande que celle que donne la lumière de la raison naturelle[38]". "Dix mille difficultés ne font pas un seul doute"[39]. »

S. Jean de la Croix a défini pour cette raison la foi comme « un *habitus* de l'âme, certain et obscur[40] ».

---

36. VATICAN I ; *DS* 3008 ; cit. *CEC* 156.
37. *DV* 5, cf. *CEC* 153.
38. THOMAS D'AQUIN, *Summa theologiae*, IIa IIae, q. 171, a. 5, obj. 3.
39. *CEC* 157, avec, à la fin, une citation de J. H. NEWMAN.
40. *La montée du Carmel*, l. 2, c. 3, dans *op. cit.*, p. 636.

« Lumineuse de par Celui en qui elle croit, la foi est vécue souvent *dans l'obscurité.* Elle peut être mise à l'épreuve. Le monde en lequel nous vivons semble souvent bien loin de ce que la foi nous assure ; les expériences du mal et de la souffrance, des injustices et de la mort paraissent contredire la Bonne Nouvelle ; elles peuvent ébranler la foi et devenir pour elle une tentation[41]. »

Dans la tentation, tournons-nous vers les témoins de la foi : Abraham qui, « espérant contre toute espérance » (Rm 4, 18), crut, mais surtout *Marie* qui, selon l'expression du Concile, a effectué « le pèlerinage de la foi[42] ». Le Saint Père évoque les longues années de la vie cachée dans la maison de Nazareth, des années durant lesquelles Marie « est au contact de la vérité de son Fils *seulement dans la foi* et *par la foi* ». Et il parle d'une « sorte de "nuit de la foi" » de Marie, semblable à « un "voile" à travers duquel il faut approcher l'Invisible et vivre dans l'intimité du mystère[43] ». La petite sainte Thérèse dit *explicitement* que Marie a connu « la nuit de la foi[44] ». Durant les longs mois de sa « nuit obscure », elle a fait elle-même l'expérience de ce dont elle parle dans cette poésie : une foi assurée et sereine peut accompagner l'obscurité de l'âme la plus profonde. Les *Novissima verba* transmettent ces paroles de sainte Thérèse : « J'ai lu un beau passage dans les Réflexions de l'*Imitation.* (...) Notre Seigneur au Jardin des Oliviers jouissait de toutes les délices de la Trinité, et pourtant son agonie n'en était pas moins cruelle. C'est un mystère, mais je vous assure que j'en comprends quelque chose par ce que j'éprouve moi-même[45]. »

---

41. *CEC* 164.
42. *LG* 58, cit. *CEC* 165.
43. Lettre encyclique *Redemptoris Mater*, 17.
44. « Pourquoi je t'aime, ô Marie ! », Poésie 54, str. 15, dans *op. cit.*, p. 753.
45. *Le Carnet jaune de Mère Agnès*, 6 juillet 1897, « Derniers entretiens », dans *op. cit.*, p. 1025.

La foi théologale est-elle ce contact vivant avec Dieu, créant une vraie communion de vie avec lui ? On peut comprendre dès lors pourquoi cette vertu est *nécessaire* pour obtenir la vie éternelle : « Or sans la foi il est impossible de lui plaire » (He 11, 6). « Personne, à moins qu'il n'ait “persévéré en elle jusqu'à la fin” (Mt 10, 22 ; 24, 13), n'obtiendra la vie éternelle[46]. »

La reconnaissance de notre faiblesse nous commande d'implorer *la grâce de la persévérance* dans la foi. Mais plus encore l'exigence de rester fidèle à l'amour de Dieu, de ne pas trahir la fidélité de Dieu : « Combats le bon combat, possédant foi et bonne conscience ; pour s'en être affranchis, certains ont fait naufrage dans la foi » (1 Tm 1, 18-19)[47].

Je me souviens de la rencontre avec le cardinal Ignace Gon Pin-mei, évêque de Shanghai. Lors de son premier voyage à Rome et à Lourdes, lui qui avait passé trente-deux ans en prison pour être resté fidèle au pape et qui était alors âgé de 87 ans, dit, à la fin de l'entrevue, qu'il avait une seule prière à adresser à ceux qui étaient là : « Priez pour moi, pour que je reste fidèle dans la foi jusqu'à la fin ! »

« Seigneur, ne regarde pas *nos péchés*, mais *la foi de ton Eglise* ! » Face aux menaces de l'intérieur et de l'extérieur qui pèsent sur notre foi, gardons les yeux fixés sur « *la foi de ton Eglise* ». « Nul ne peut croire seul, comme nul ne peut vivre seul. Nul ne s'est donné la foi à lui-même, comme nul ne s'est donné la vie à lui-même. (...) Je ne peux croire sans être porté par la foi des autres et, par ma foi, je contribue à porter la foi des autres[48]. »

Ma foi, notre foi ne sont pas à proprement parler ma foi, notre foi, mais *la* foi *de l'Eglise*. C'est *elle* qui dit « credo »

---

46. VATICAN I ; *DS* 3012 ; cit. *CEC* 161.
47. Cit. *CEC* 162.
48. *CEC* 166.

et je ne peux le dire *qu'avec elle.* « C'est d'abord l'Eglise qui croit, et ainsi porte, nourrit et soutient ma foi[49]. »

« "Je crois" : c'est aussi l'Eglise, notre Mère, qui répond à Dieu par sa foi et qui nous apprend à dire : "Je crois", "Nous croyons"[50]. »

Sa foi ne sera pas ébranlée. *Elle* est « la colonne et le support de la vérité » (1 Tm 3, 15).

3. La prière, interprète de l'espérance

Voici un épisode bien connu de la vie d'Edith Stein, antérieur à sa conversion. Alors qu'elle était entrée avec une amie dans la cathédrale de Francfort, la bienheureuse aperçut une femme, venant du marché, qui s'agenouilla et pria. Edith Stein affirme que ce spectacle a joué un rôle déterminant dans son cheminement vers la foi : l'image d'une femme toute simple, agenouillée dans une église.

Quelque chose d'indicible, qui paraît aller de soi et pourtant si mystérieux : une relation intime avec le Dieu invisible. Non pas une méditation centrée sur elle-même, mais un abandon silencieux entre les mains d'un *autre* plein de mystère. Ce qu'Edith Stein a pressenti en voyant prier cette femme fera bientôt l'objet d'une certitude pour elle : Dieu existe, et prier, c'est se tourner vers lui.

Quelle impression a dû faire sur ses disciples la prière silencieuse de Jésus, une prière qui pouvait durer des heures, voire des nuits entières ! Que se passait-il dans ce lieu où il se retirait longuement, en silence, pour se consacrer à celui qu'il appelait « Abba » ? « Et il advint, comme il était quelque part à prier, quand il eut cessé, qu'un de ses disciples lui dit : "Seigneur, apprends-nous à prier, comme

49. *CEC* 168.
50. *CEC* 167.

Jean l'a appris à ses disciples" » (Lc 11, 1). *Apprends-nous à prier* : désir de pénétrer dans cet espace d'intimité silencieuse, offrande attentive à celui qui est présent bien qu'invisible. Le disciple a un tel respect du mystère de la prière de Jésus qu'il n'ose pas interrompre le Seigneur, « faire irruption » dans sa prière en posant sa question. Il attend que Jésus ait fini de prier. C'est alors seulement qu'il ose demander : « Apprends-nous à prier. »

Ne sommes-nous pas touchés lorsqu'en entrant dans une église nous découvrons que quelqu'un est là, qui prie ? Une telle scène éveille-t-elle notre désir de prier ? Dans ces moments-là, entendons-nous le murmure de la source qui réveille notre désir d'eau vive ? A l'exemple de ce qu'écrivait Ignace d'Antioche, le martyr : « En moi (...), une eau vive, qui murmure et chuchote à mon cœur : "Viens auprès du Père"[51]. »

Pour nous séduire, nous attirer vers le Père, l'Esprit Saint suscite en nous le désir de prier. Ce désir est déjà une prière, c'est déjà la prière de l'Esprit du Christ en nous, « en des gémissements ineffables » (Rm 8, 26).

Une question doit nous préoccuper aujourd'hui : *le terrain* de la prière n'est-il pas en train de se dessécher ? Le tumulte de notre époque ne recouvre-t-il pas le « murmure » discret de la source de l'Esprit Saint ? La prière peut-elle s'épanouir quand l'Américain moyen passe quinze ans de sa vie devant son poste de télévision, comme le rapporte Neil Postman dans son livre-choc *Se distraire à en mourir*[52] ? Faut-il voir un clin d'œil de la providence dans cette coïncidence : dans le Code de droit canonique, le paragraphe qui met en garde les religieux (eux seuls ?) contre un mauvais usage des médias, susceptible de causer des dommages à leur vocation spirituelle,

---

51. *Lettre aux Romains*, 7, 2, dans *Les Pères apostoliques. Ecrits de la primitive Eglise*, Paris, Seuil, 1980, pp. 136-137.

52. *Se distraire à en mourir*, Paris, Flammarion, 1986.

porte le numéro 666, le chiffre de la bête dans l'Apocalypse ? Incontestablement, beaucoup de choses sont préjudiciables à la prière dans la société actuelle.

Et pourtant, nous pouvons *espérer* qu'aucune sécularisation n'étouffera totalement l'appel de Dieu dans le cœur de l'homme. Quand j'aperçois les innombrables bougies allumées nuit et jour devant l'autel de Maria-Pötsch, dans la cathérale Saint-Etienne, à Vienne, j'y vois un signe indiquant que la dernière heure de la prière n'a pas encore sonné. Car la prière est l'expression d'un ardent désir qui n'a pas été « produit » par *nous*, mais que Dieu lui-même a imprimé dans le cœur de l'homme. C'est là un exemple du «*fecisti nos ad te*» (« Tu nous as faits *pour toi*») de S. Augustin.

Les bougies allumées dans la cathédrale devant l'image miraculeuse de la Mère de Dieu sont des *témoignages d'espérance. Qui prie, espère.* Qui n'a aucun espoir d'être entendu ne peut pas prier. Nous ne demandons quelque chose à quelqu'un que lorsque nous avons bon espoir que notre requête soit entendue. « La demande interprète l'espérance », affirme S. Thomas[53].

La manière dont nous prions permet de mesurer la qualité de notre espérance. Qu'est-ce que nous demandons ? Quel est l'objet de notre espérance ? La prière et l'espérance sont étroitement apparentées. Les deux reposent en effet sur cette conviction : ce que nous demandons et ce que nous espérons n'est pas en notre pouvoir, mais peut nous être *offert*.

Mais que pouvons-nous espérer et que devons-nous demander ? S. Thomas écrit dans sa longue *quaestio* sur la prière (la plus longue de toute la *Somme*) : « La prière est en effet comme l'interprète de notre désir devant Dieu. Nous ne lui demandons à bon droit que ce que nous pouvons désirer de même. Or la prière du Seigneur non

---

53. *Summa theologiae*, IIa IIae, q. 17, a. 4, obj. 3.

seulement demande tout ce que nous sommes en droit de désirer, mais elle le fait dans l'ordre même où l'on doit le désirer ; si bien qu'elle ne nous enseigne pas seulement à demander, mais à régler tous nos sentiments[54]. » *Sit informativa totius nostri affectus*, la proposition est magnifique : le *Notre Père* conforme de manière optimale toute notre vie affective. Il établit les vraies priorités dans notre volonté et notre désir, et par là dans notre prière.

Sait-on spontanément pourquoi le premier objet de notre désir, celui auquel nous devons aspirer avec le plus de force doit être : « Que *ton* règne vienne », « Que *ta* volonté soit faite » ? Ce qui occupe la première place, ce que nous demandons le plus souvent d'abord, avec un sentiment d'urgence, ce qui nous oppresse, c'est autre chose, qui est lié aux difficultés de la vie : le souci du pain quotidien (combien de personnes sont inquiètes à propos de leur place de travail ou l'ont déjà perdue !) ; les préoccupations relatives à la vie en commun (« Pardonne-nous nos offenses... ») ; mais surtout ce qui a trait à la protection contre le mal et à la tentation, les situations difficiles et sans issue (« Ne nous soumets pas à la tentation », « Délivre-nous du mal »).

Lorsque nous formulons ces demandes, nous nous tournons déjà *vers Dieu*. C'est *de lui* que nous *attendons*, que nous *espérons* effectivement une aide dans toutes ces difficultés. « La prière, c'est l'espérance en action », dit le cardinal Ratzinger[55], car « prier est la langue de l'espérance[56] ». « Un homme désespéré ne prie plus, car il n'espère plus ; un homme sûr de lui et de son pouvoir ne prie pas, car il ne compte que sur lui-même. Celui qui prie espère une bonté et un pouvoir qui dépassent ses propres capacités[57]. »

---

54. *Id.*, IIa IIae, q. 83, a. 9.

55. J. RATZINGER, *Regarder le Christ. Exercices de foi, d'espérance et d'amour*, Paris, Fayard, 1992, p. 80.

56. *Id.*, p. 79.

57. *Id.*, p. 80.

Si nous prions vraiment pour ce qui fait l'objet des quatre demandes de la seconde partie du *Notre Père*, alors nous *espérons* déjà, et cette espérance dépasse ce qui est demandé pour se porter sur *celui-là même* que nous implorons : « Que *ton* nom soit sanctifié, que *ton* règne vienne, que *ta* volonté soit faite... » Cette prière devient alors l'expression d'une confiance toujours plus grande, une confiance qui ose finalement appeler Dieu « Notre Père ».

La prière du *Notre Père* est *informativa totius nostri affectus*, dit S. Thomas. Et effectivement, la liste des témoignages rapportant que des hommes et des femmes ont été « guéris » en profondeur en récitant le *Notre Père* – je pense à Dimitri Panine, l'ami d'Alexandre Soljenitsyne ou à Tatiana Goritscheva, qui a reçu la grâce de la conversion en récitant le *Notre Père*[58] – ne cesse de s'allonger. Si notre *affectus* est marqué du sceau du *Notre Père*, notre volonté et notre désir seront sains et ne feront pas obstacle à l'action de Dieu. Notre prière deviendra toujours plus efficace, car elle répondra vraiment aux plans de Dieu et coopérera avec la divine providence. Alors notre prière correspondra au « désir de l'Esprit », « son intercession pour les saints correspond aux vues de Dieu » (Rm 8, 27).

S. Thomas affirme dans le *Compendium theologiae* que le *Notre Père* est « une manière de prière qui excite extrêmement notre espérance en Dieu[59] ».

Mais qu'est-ce que *l'espérance* ? « L'espérance est la vertu théologale par laquelle nous désirons comme notre bonheur le Royaume des cieux et la vie éternelle, en mettant notre confiance dans les promesses du Christ et en prenant appui, non sur nos forces, mais sur le secours de la grâce du Saint-Esprit[60]. »

---

58. Cf. Dimitri PANINE, *Mémoires de Sologdine*, Paris, Flammarion, 1975 et Tatiana GORITSCHEVA, *Nous, convertis d'Union soviétique*, Paris, Nouvelle Cité, 1983.

59. *Compendium theologiae* II, 3 (*Bref résumé de la foi chrétienne*, trad. Jean Kreit, Paris, Nouvelles Editions Latines, 1985, p. 441).

Joseph Pieper le dit en des mots tout simples : « L'espérance est l'attente passionnée de la béatitude éternelle résidant dans la participation contemplative et plénière à la vie trinitaire[61]. » Dans un commentaire sur S. Thomas, Cajetan est encore plus concis : « *Spes sperat Deum a Deo*[62]. » L'espérance attend de Dieu lui-même le bonheur éternel et impérissable. Elle n'espère rien, *sinon lui-même*, le dispensateur de tout bien. Elle ne *contemple* pas encore, elle ne *possède* pas encore, et pourtant elle pénètre à « *l'intérieur de Dieu* ». D'une certaine façon « elle jette son ancre en Dieu », pour se « fixer » à lui.

De même que la foi est *certaine*, parce qu'elle accorde foi à *Dieu*, de même l'espérance ne déçoit-elle pas (cf. Rm 5, 5), parce qu'elle attend *de Dieu* avec une totale confiance ce qu'il a promis. L'espérance tire de Dieu *seul* cette certitude victorieuse : « *In te, Domine, speravi, non confundar in aeternum.* » Avec quel brio Anton Bruckner a mis en musique ce dernier vers du *Te Deum* !

Si la prière est l'« espérance en acte », alors les difficultés et les menaces pesant sur la prière sont aussi des crises de l'espérance. Les maîtres chrétiens enseignent que *desperatio* et *praesumptio, le désespoir* (en tant que manque d'espérance) et *la présomption* (en tant que faux espoir) sont les dispositions qui s'opposent à l'espérance.

J'aimerais évoquer ici une attitude proche du *désespoir* qui nous menace tout particulièrement, nous les ecclésiastiques, qui met en danger notre vie spirituelle, qui nous prive de l'élan de l'espérance : *l'acédie*, « le dégoût spirituel » dont nous avons déjà parlé.

Que faut-il entendre par *acédie* ? C'est une disposition intérieure étroitement apparentée à la colère et à la tristesse.

---

60. *CEC* 1817.

61. « Ueber die Hoffnung », dans *Lieben, hoffen, glauben*, München, Kösel, 1986, p. 31.

62. *Commentarium in IIam IIae*, q. 17, a. 5.

« L'acédie est avant tout une certaine *atonie*, une sorte de *chute de tension* des forces naturelles de l'âme, qui rend l'homme incapable de se défendre contre les “pensées” qui l'assaillent avec véhémence à ce moment. De cet état de relâchement général naissent sentiment de vide et d'ennui, dégoût, nausée, incapacité de fixer l'esprit sur quoi que ce soit, abattement, “anxiété du cœur”(Cassien)[63]. »

L'acédie, que les anciens appelaient aussi « le démon de midi » parce qu'elle s'attaque surtout au moine exposé à la chaleur accablante du milieu du jour, mêle d'une manière particulière sentiment de *frustration* et *agressivité*. Elle a horreur de *ce qui est là* et joue en rêve avec *ce qui manque*. Elle est une sorte d'*impasse* de la vie de l'âme.

Nous ne lisons pas sans étonnement les descriptions sérieuses mais non dénuées d'ironie que font les moines âgés et expérimentés des tentations liées à l'acédie. L'acédie se manifeste sous forme de paresse spirituelle, mais aussi et en même temps au travers d'un activisme trépidant. La « pression » incite les moines à fuir leur cellule. Mais le démon de midi est aussi présent dans nos vies sous des formes facilement reconnaissables : *dans la peur de se retrouver seul face à soi-même, la peur de soi, la peur du silence. Verbositas* et *curiositas*, *le goût du verbiage* et *la curiosité* sont des « filles » de l'acédie. En voici d'autres : l'agitation intérieure, la quête perpétuelle de la nouveauté comme succédané de l'amour de Dieu et de la joie de le servir ; l'inconstance, le manque de fermeté dans ses résolutions, à quoi s'ajoutent l'indifférence (*torpor*) face aux choses de la foi et à la présence du Seigneur, la pusillanimité, la rancœur si présentes parmi nous aujourd'hui dans l'Eglise, et jusqu'à la méchanceté délibérée (*malitia*).

Ne sommes-nous pas tentés en permanence par tout cela, ne sommes-nous pas visés par le démon de l'acédie ? Pour

63. G. Bunge, *Akèdia. La doctrine spirituelle d'Evagre le Pontique sur l'acédie*, Spiritualité orientale 52, Abbaye de Bellefontaine, 1991, p. 56.

utiliser le langage d'aujourd'hui, parlons de *frustration* et d'*agressivité.* « Esprit déprimé dessèche les os » (Pr 17, 22) : ne sommes-nous pas menacés par l'aridité spirituelle ? L'acédie n'est-elle pas pour beaucoup dans les plaintes et la colère qui s'élèvent dans l'Eglise ? Elle menace nos vies en entraînant le naufrage de l'âme tournoyant confusément autour d'elle-même. Elle dévore la vie de prière, nous privant ainsi de l'air frais de la vie spirituelle.

Le *principal* remède proposé par les vieux maîtres contre l'acédie, cette forme concrète d'*absence d'espoir*, c'est la persévérance, la patience, l'*hypomonè,* littéralement le fait de rester sous le joug. *La persévérance est déjà une forme d'espérance* : renoncer à vouloir « s'aérer » par toutes sortes de tentatives de rupture ou de fuite qui ne défont pas les liens de l'attachement à soi, mais emprisonnent davantage encore ; « espérer en Dieu », garder ses yeux fidèlement et patiemment tournés vers lui. Persévérer ainsi dans la nuit des tentations de l'acédie, c'est se déplacer dans un épais brouillard : tout paraît diffus, privé de sens, sans issue. Mais soudain le brouillard se dissipe : le soleil le déchire et un jour rayonnant apparaît. Il en va de même pour la tentation de l'acédie. Elle disparaît soudain. Une paix profonde et une joie indicible prennent sa place. L'espérance a vaincu.

Il y a un épisode de la vie de S. Antoine qui retrace de manière impressionnante cette persévérance dans l'attente de « la dissipation du brouillard ». S. Antoine qui a été tenté très longtemps demande au Seigneur, plein de reproches : « Où étais-tu ? Pourquoi ne t'es-tu pas manifesté dès le début pour faire cesser mes douleurs ? » Sur quoi l'ermite entend cette réponse : « J'étais là, Antoine, mais j'attendais, pour te voir combattre[64]. »

64. ATHANASE D'ALEXANDRIE, *Vie d'Antoine*, Sources chrétiennes 400, Paris, Cerf, 1994, pp. 163-165.

L'espérance, dit le P. Marie-Eugène, « est la vertu de marche dans la vie spirituelle ; elle est le moteur qui l'actionne, les ailes qui la soulèvent[65] ». Alors que l'acédie a toujours quelque chose à voir *avec l'amour de soi déçu*, qu'elle est une mauvaise habitude « de riche » portant sur ses épaules toute « la tristesse du monde », *l'espérance* a partie liée avec « *la pauvreté d'esprit* ». Le grand docteur de l'espérance, au seuil de ce siècle riche en désespoir, c'est la petite Thérèse de l'Enfant-Jésus. Sa « voie de l'enfance », sa « petite voie » nous montrent concrètement et de manière vivante comment la vertu d'espérance peut être vécue.

A une demande d'explication sur « la voie qu'elle disait vouloir enseigner aux âmes, après sa mort », Thérèse répond sans hésiter : « La voie de l'enfance spirituelle, le chemin de la confiance et du total abandon[66]. »

Voici l'un des « résumés » les plus significatifs de « la petite voie » : « On n'a jamais trop de confiance dans le bon Dieu si puissant et si miséricordieux. On obtient de Lui tout autant qu'on en espère[67]. »

L'espérance signifie donc : penser que Dieu est capable de *grandes choses* et en attendre de lui. Pour cela, dit Thérèse, il faut aimer sa propre pauvreté : « *C'est Jésus qui fait tout* et moi je ne fais rien[68]. » « Quand même j'aurais accompli toutes les œuvres de S. Paul, je me croirais encore "serviteur inutile" (Lc 17, 10) mais c'est justement ce qui fait ma joie, car *n'ayant rien*, je recevrai tout du bon Dieu[69]. » Pour Thérèse, cela ne veut pas du tout dire rester purement passive. Etre pauvre, cela veut dire pour elle accueillir, comme s'il s'agissait d'un cadeau, toutes les

65. MARIE-EUGÈNE DE L'ENFANT-JÉSUS, *op. cit.*, p. 825.

66. « Derniers entretiens », juillet 1897, dans *op. cit.*, p. 1177.

67. Sœur MARIE DE LA TRINITÉ, *Une novice de sainte Thérèse*, Paris, Cerf, 1985, p. 107.

68. Lettre à Céline du 6 juillet 1893, dans *op. cit.*, p. 465.

69. *Le Carnet jaune de Mère Agnès*, 23 juin 1897, « Derniers entretiens », dans *op. cit.*, p. 1018.

possibilités d'action, tous les actes et même l'effort tenace. Cette pauvreté lui fait rechercher une relation de tous les instants avec Dieu : « Mon espérance n'a jamais été trompée, le Bon Dieu a daigné remplir ma petite main autant de fois qu'il a été nécessaire pour que je nourrisse l'âme de mes sœurs[70]. » La première béatitude aura rarement été vécue de manière aussi décidée : « Heureux ceux qui ont une âme de pauvre, car le Royaume des Cieux est à eux » (Mt 5, 3), et avec le Royaume, Dieu lui-même.

Voici encore pour terminer, *la petite voie*, en quelques mots : « Ce qui lui plaît (au Bon Dieu) c'est de me voir aimer ma petitesse et ma pauvreté, c'est l'espérance aveugle que j'ai en sa miséricorde... Voilà mon seul trésor. (...) Pourquoi ce trésor ne serait-il pas le vôtre[71] ? »

4. L'amour d'amitié

L'Eglise de Jésus-Christ est une « communauté de foi, d'espérance et de charité », selon l'expression du Concile. « Maintenant donc demeurent foi, espérance, charité, ces trois choses, mais la plus grande d'entre elles, c'est la charité » (1 Co 13, 13). *Celle-ci* est la vie la plus intime de l'Eglise, car Dieu est amour et il est la vie de l'Eglise.

Il y aurait beaucoup à dire à ce propos. Lorsque nous nous sommes intéressés à l'espérance, c'est la petite sainte Thérèse qui nous a servi de guide. Dans le cadre de cette dernière méditation du quatrième jour de notre retraite, j'aimerais prendre S. Thomas comme « chef de chœur ». Et j'articulerai encore une fois la réflexion autour d'un texte de la *Summa theologiae*, un texte qui est à mon sens *le cœur* de toute la *Somme théologique*, la « clé de voûte »

---

70. *Manuscrit C*, dans *op. cit.*, pp. 264-265.

71. Lettre à Sr Marie du Sacré-Cœur du 17 septembre 1896, dans *op. cit.*, p. 552.

sans laquelle la construction ne tiendrait pas. Même s'il n'y est pas directement question de l'Eglise, ce passage traite du *principe de vie le plus intime* de l'Eglise, où toutes ses *manifestations de vie* puisent leur force. Mais avant d'entrer plus avant dans l'étude de la *quaestio* 23 de la IIa IIae de la *Somme,* voici deux textes qui peuvent servir d'épigraphe à notre méditation :

1) La nuit précédant sa passion, Jésus dit à ses disciples : « Je ne vous appelle plus serviteurs, car le serviteur ne sait pas ce que fait son maître ; *mais je vous appelle amis*, parce que tout ce que j'ai entendu de mon Père, je vous *l'ai fait connaître* » (Jn 15, 15).

2) Sainte Thérèse d'Avila définit l'*oración*, la prière intérieure, en ces termes : « L'oraison mentale n'est, à mon avis, qu'un *commerce intime d'amitié* où l'on s'entretient souvent seul à seul avec ce Dieu dont on se sait aimé[72]. »

Utrum caritas sit amicitia (« La charité est-elle une amitié ? ») : c'est là la première question, la question directrice que se pose S. Thomas dans son traité sur la vertu théologale de la charité. La froideur apparente des termes utilisés par le *doctor communis* ne doit pas nous induire en erreur : c'est un *cœur brûlant* qui s'exprime ici. « L'objectivité » de Thomas d'Aquin est évidente, mais, s'oubliant lui-même, le saint garde les yeux braqués sur l'*unique* « objet » de sa méditation : Dieu seul. Tout le reste n'est digne d'intérêt que parce qu'il est en relation avec Dieu origine et fin de tout[73].

« Tout amour n'est pas amitié ». L'amitié possède deux caractéristiques distinctes : la *benevolentia*, c'est-à-dire le fait de vouloir le bien de l'autre, et la *mutua amatio*, le fait que l'amour soit partagé. Cela ne se retrouve pas dans toutes les formes d'amour. L'amitié présuppose une

72. *Libro de la vida*, 8, 5 ; cit. *CEC* 2709.
73. Cf. *Summa theologiae*, Ia, q. 1, a. 7.

certaine *égalité* et elle n'existe pas sans échange réciproque : « Un ami est l'ami de celui qui est lui-même son ami », « *Amicus amico amicus* », affirme S. Thomas à la suite d'Aristote : « *Talis mutua benevolentia fundatur super aliquam communicationem*[74] », « La bienveillance ne suffit pas pour constituer l'amitié ; il faut de plus qu'il y ait réciprocité d'amour. »

Mais une *mutua amatio* est-elle possible entre Dieu et l'homme ? « *Infiniti ad finitum nulla est proportio.* » Comment peut-il y avoir amitié entre des êtres infiniment différents ? A mes yeux, la réponse de S. Thomas constitue en quelque sorte « la clé de voûte », la clé de toute la *Somme théologique* : « Puisqu'il y a une certaine communication de l'homme avec Dieu du fait que celui-ci nous rend participants de sa béatitude, il faut qu'une certaine amitié se fonde sur cette communication[75]. »

Il y a une *véritable* communication (*communicatio*) de Dieu à l'homme : une véritable participation à sa vie, à sa béatitude. Dieu s'offre lui-même pour que nous puissions bâtir une *amitié* sur ce don.

Fundari amicitiam : n'est-ce pas là tout le projet de Dieu, de la création jusqu'à l'heure où Jésus dit à ses disciples : « Je vous appelle amis, parce que tout ce que j'ai entendu de mon Père, je vous l'ai fait connaître » (Jn 15, 15).

L'amitié implique le partage et l'échange de ce que nous avons de plus cher. Jésus n'appelle plus ses disciples serviteurs, « car le serviteur ne sait pas ce que fait son maître ». Il les appelle amis, parce qu'il leur confie son secret le plus intime : son amour du Père dans l'Esprit Saint. Ils deviennent ses amis parce qu'ils ont part à ce mystère, non seulement en pensée, mais dans leur vie même.

---

74. *Id.*, IIa IIae, q. 23, a. 1.

75. « *Cum ergo sit aliqua communicatio hominis ad Deum secundum quod nobis suam beatitudinem communicat, super hanc communicationem oportet aliquam amicitiam fundari* », *ibid.*

Toute croissance de la vie chrétienne, toute action de l'Eglise trouve son sens et son but dans ce *fundari amicitiam.*

Mais qu'en est-il de cette *communicatio* ? En d'autres termes : qu'est-ce que le don de participer à la béatitude de Dieu, à laquelle nous avons accès en devenant ses amis ? C'est *la grâce* dont S. Thomas dit : « *Gratia nihil aliud est quam quaedam inchoatio gloriae in nobis*[76] », « La grâce n'est pas autre chose qu'un commencement de la gloire en nous. » Elle est le moyen dont nous disposons pour jouir *maintenant déjà d'une communion de vie* bienheureuse avec Dieu. S. Paul ne se lasse pas de proclamer « *la louange de gloire de sa grâce* » (Ep 1, 6). Il ne se lasse pas de parler de « la richesse de sa grâce » (Ep 1, 7). On célèbre en S. Dominique, le fondateur de mon ordre, le *praedicator gratiae*, comme S. Augustin est le *doctor gratiae.* « *Tout est grâce* » : c'est ainsi que la petite sainte Thérèse résume toute la vie chrétienne. Mais qu'est-ce que la grâce ? Qu'est-ce que cette *communicatio* à l'homme de Dieu lui-même, par laquelle nous pouvons devenir des *amis de Dieu* ? S. Thomas aborde cette question par un biais surprenant. Pierre Lombard, le Maître des *Sentences* avait dit : l'amour (*caritas*) est *le Saint-Esprit lui-même* habitant dans l'âme. Si nous aimons Dieu, le Saint-Esprit lui-même, sans intermédiaire, est le moteur de notre amour[77].

Cela sonne très « pieux ». Mais à y regarder de plus près, cela cause plutôt un dommage à l'amour, dénonce S. Thomas. Car dans ce cas l'amour que nous éprouvons n'est plus *notre* amour envers Dieu. Nous sommes passifs et non pas actifs, aimant *nous-mêmes.* Il n'y a pas d'*amitié* si nous ne pouvons pas aimer Dieu *nous-mêmes* librement. Pour qu'il puisse y avoir véritablement *amitié avec Dieu*,

---

76. *Id.*, IIa IIae, q. 24, a. 3, ad 2.
77. Cf. *id.*, IIa IIae, q. 23, a. 2.

« notre volonté doit être mue par le Saint-Esprit, mais de telle manière qu'elle accomplisse par ailleurs *elle-même* cet acte ».

Mais comment notre volonté humaine, nos facultés humaines peuvent-elles produire des actes qui « atteignent » véritablement Dieu et le touchent ? Tous nos actes humains sont en effet produits par des facultés qui nous y disposent (*« inclinant »*). Pour pouvoir *aimer* Dieu (cela vaut aussi pour la foi et l'espérance), nous avons besoin d'une « disposition », d'une aptitude mise en nous par Dieu, qui nous *dispose* à aimer (*« inclinans ad caritatis actum »*) et nous fait aimer joyeusement. Cela n'est en effet pas à la portée de nos facultés naturelles.

La grâce fait de nous des amis de Dieu en établissant le fondement sur lequel peut s'édifier une amitié avec Dieu (*fundari amicitiam*). Dieu nous fait participer à sa béatitude, à sa *vie*. Nous devenons ainsi véritablement « semblables à lui », ce qui nous permet de devenir ses amis.

Ajoutons trois réflexions à ce qui a été dit jusqu'ici.

1) Selon S. Thomas, chaque vertu « incline » à l'acte qui lui correspond, c'est pourquoi la vertu est reconnaissable à une certaine joie, à une certaine aisance. Cela n'est jamais aussi vrai que dans le cas de la charité : *« Nulla virtus habet tantam inclinationem ad suum actum sicut caritas, nec aliqua ita delectabiliter operatur*[78] *»*, « Aucune vertu n'a, autant que la charité, d'inclination à son acte, et de joie à le produire. » La charité aime aimer et rien ne lui procure plus de joie que l'amour. Aucune activité ne convient mieux à l'homme que l'amour, rien n'est plus joyeux, plus épanouissant qu'une amitié avec Dieu.

2) S. Thomas enseigne que la charité est *forma omnium virtutum*, que c'est elle qui anime, qui donne une *âme* à toutes les vertus. S. Thomas ne dit rien d'autre que ce que

78. *Ibid.*

disait déjà S. Paul. Aussi héroïque soit-elle, toute vertu n'est *rien* sans l'amour. « Si je n'ai pas la charité » (1 Co 13, 1), toutes les vertus me font défaut. C'est pourquoi S. Thomas peut dire que l'amour est le principe vital de l'âme, comme l'âme est le principe vital du corps[79]. C'est pourquoi aussi la charité est le *principe vital* dont Dieu a pourvu l'Eglise. Et elle est encore la mesure qui servira à l'évaluation de toutes choses, nous y compris.

S. Jean de la Croix écrit : « Au soir de notre vie, nous serons jugés sur l'amour[80]. » Puissions-nous répéter ce que la petite sainte Thérèse agonisante a dit quelques instants avant sa mort : « Je ne me repens pas de m'être livrée à l'Amour[81]. »

3) *Amor amicitiae* : l'amitié que Dieu rend possible par la grâce crée une certaine « connaturalité » avec lui, une sorte de « parenté », une intimité qui n'est pas perceptible par les sens, mais qui vit et se nourrit d'une sorte de *sens de Dieu.* Plus elle s'approfondit, plus l'amitié avec Dieu nous fait juger et agir conformément à Dieu. Elle procure ce sens infaillible de la vérité et du bien qui constitue le *sensus fidelium*, le « sens surnaturel de foi[82] » du peuple de Dieu. S. Thomas utilise les termes *d'indicium per connaturalitatem.* C'est la rectitude du jugement, la pertinence de l'intuition que possèdent les « petits » de l'Evangile pour lesquels Jésus rend grâce au Père (cf. Mt 11, 25-27). S. Thomas parle aussi d'*instinctus Spiritus Sancti*, capable de découvrir sans risque d'erreur ce qui est approprié en matière de foi, d'espérance et de charité. Les amis de Dieu voient, comprennent, sentent tout « avec les yeux de l'ami ». Ils reconnaissent avec le cœur de Dieu.

---

79. *Id.*, IIa IIae, q. 23, a. 2, ad 2.
80. *Dichos de luz y amor*, 64 ; cit. *CEC* 1022.
81. *Le Carnet jaune de Mère Agnès*, 30 septembre 1897, « Derniers entretiens », dans *op. cit.*, p. 1144.
82. *LG* 12, 1.

Encore un dernier point : si l'amour de Dieu fait de nous ses amis, il fait aussi de nous des amis *les uns des autres*. Quand Jésus appelle les Douze ses « amis », cela n'est pas sans conséquence pour les relations des uns avec les autres. Et comment *l'Esprit de l'amitié* ne régnerait-il pas au milieu de ceux auxquels le Christ a confié ce qu'il avait de plus précieux ?

Le thème de *l'amitié dans le Christ* redevient capital à une époque où l'affectivité a reçu tant de coups, où tant de croyants et tant de prêtres ont été blessés en matière d'amour. La communion avec le Christ, *son amitié* ne réconcilie pas seulement l'homme avec Dieu, elle ne libère pas seulement du péché et de ses conséquences. Elle guérit aussi les relations des uns avec les autres – même si cela requiert beaucoup de patience. *L'amitié* joue ici un rôle capital. Toutes sortes de déformations la mettent aujourd'hui en danger : la superficialité, l'érotisation de tout, l'omniprésence du sexe, l'appauvrissement émotionnel. La beauté et la vertu curative de l'amitié chrétienne n'en ressortent que mieux.

Celle-ci a sa place dans le couple, car l'amour entre époux a besoin de l'amitié pour s'épanouir et durer. Mais l'amitié permet aussi à ceux qui ont fait le choix du célibat, ou à qui il a été imposé, de guérir leurs blessures et d'épanouir leur cœur. Jacques Maritain a écrit un jour à Julien Green cette belle phrase : « Dieu demande à certaines personnes de devenir eunuques pour le royaume, mais il ne leur demande pas de s'amputer le cœur[83]. »

Mais le cœur doit être purifié, pour devenir capable d'amitié dans le Christ. Il doit s'ouvrir à *l'amor benevolentiae* et se libérer de *l'amor concupiscentiae*, qui désire posséder, mettre l'autre à son service. Le signe infaillible

---

83. *Une grande amitié. Correspondance 1926-1972*, Paris, Gallimard, 1982, p. 79.

d'une telle amitié dans le Christ, c'est sa capacité de transmettre cette amitié, d'élargir le cercle des amis. *Madeleine Delbrêl* voit dans l'Eglise *le filet de pêcheur de S. Pierre*, fait de l'entrelacement de nombreuses amitiés dans le Christ. Par lui, ce filet peut être jeté en vue d'une pêche miraculeuse.

Le péché a donné au monde le goût de la mort. L'Eglise réintroduit dans le monde le goût de la vie. Sainte Catherine dit : « L'âme ne peut vivre sans amour. Toujours elle veut aimer quelque chose. Elle est pétrie d'amour puisque je (Dieu) l'ai créée par amour[84]. » Il y a aujourd'hui des familles de croyants et des couples qui réveillent chez leurs contemporains le désir de transmettre la vie. Mais l'Eglise est aussi appelée à raviver le goût de *l'amitié* dans un monde livré à une concurrence impitoyable et aux rivalités de toutes sortes. « Si l'amour conjugal est une source qui transmet la vie, l'amour d'amitié est un élixir de vie (cf. Si 6, 16), c'est-à-dire ce qui donne envie de continuer à vivre[85]. »

« Par l'amour dans le mariage et dans l'amitié, notre vie chrétienne, nos communautés d'Eglise ensemencent le monde du goût de la vie, de *l'espérance* que notre vie ne va pas vers sa destruction mais vers la splendeur finale des épousailles du ciel[86]. »

---

84. *Le livre des dialogues*, c. 51, Paris, Seuil, 1953, p. 173. Cf. aussi « L'âme est un arbre fait pour l'amour et elle ne peut donc vivre que d'amour », *id.*, c. 10, p. 58.

85. J.-M. Garrigues, *op. cit.*, I, 1992, p. 55.

86. *Id.*, p. 56.

V

L'ÉGLISE, AU TERME DES SIÈCLES, SERA CONSOMMÉE DANS LA GLOIRE

1. L'Eglise en pèlerinage sur la terre

« "L'Eglise (...) n'aura sa consommation que dans la gloire céleste[1]", lors du retour glorieux du Christ. Jusqu'à ce jour, "l'Eglise avance dans son pèlerinage à travers les persécutions du monde et les consolations de Dieu[2]". Ici-bas, elle se sait en exil, loin du Seigneur, et elle aspire à l'avènement plénier du Royaume, "l'heure où elle sera, dans la gloire, réunie à son Roi[3]". La consommation de l'Eglise et, à travers elle, celle du monde, dans la gloire ne se fera pas sans de grandes épreuves. Alors seulement, "tous les justes depuis Adam, depuis Abel le juste jusqu'au dernier élu, se trouveront rassemblés dans l'Eglise universelle auprès du Père"[4]. »

Tous les thèmes de notre dernière méditation trouvent un écho dans ce passage du *Catéchisme* : l'Eglise n'est pas encore achevée, elle est *en pèlerinage* sur la terre, « loin du Seigneur » ; mais, sur son chemin, elle n'est pas dépourvue des « consolations de Dieu » : elle vit dans la *communio sanctorum* ; elle n'arrivera pas à sa

1. *LG* 48.
2. S. AUGUSTIN, *De civitate Dei*, 18, 51.
3. *LG* 5.
4. *CEC* 769, avec, à la fin, une citation de *LG* 2.

consommation « sans de grandes épreuves » (nous devrons en parler lorsque nous évoquerons le grand Jubilé qui nous attend) ; elle aspire à être réunie à son Seigneur et Roi, son Epoux : ce sera là le thème de notre méditation finale.

Le septième chapitre de *Lumen gentium* est une partie de la Constitution sur l'Eglise qui n'a guère retenu l'attention. Et pourtant, elle contient d'une certaine manière la clé du deuxième chapitre consacré au Peuple de Dieu. L'image du Peuple de Dieu en pèlerinage serait « aveugle » si *le but* de ce pèlerinage était oublié. Le but n'est pas encore atteint, l'Eglise est en chemin. Mais elle connaît le terme, elle y tend, *il y a en elle un ardent désir du Christ.*

Dans ma jeunesse, on entendait souvent dans les églises un chant aux résonances particulièrement profondes – c'était du moins l'impression que j'éprouvais –, un chant dont voici la première strophe : « Nous ne sommes que des hôtes sur la terre. Nous avançons sans trêve en direction de la patrie éternelle, en éprouvant toutes sortes de difficultés. » Ce chant est pratiquement sorti du répertoire. On lui a reproché d'inciter à fuir le monde, de favoriser la *fuga mundi* à un moment où il fallait se tourner vers *ce* monde. On nous a trop longtemps reproché – les marxistes notamment – de consoler les gens en évoquant l'au-delà, le bonheur qui suivra la mort, au lieu de combattre le malheur avant que vienne la mort, au lieu de trouver des remèdes à la souffrance. C'est en cela que la religion était un « opium du peuple ».

Quelque chose de curieux s'est produit ces dernières années : le ciel a disparu des yeux des chrétiens ! On ne parle pratiquement plus de l'ardent désir du ciel, de la « patrie céleste ». C'est comme si les chrétiens avaient perdu *l'orientation* qui leur avait permis durant des siècles de savoir où aller. Nous avons oublié que nous sommes des pèlerins et que le but de notre pèlerinage, c'est le ciel. Une autre perte accompagne celle-là : la perte de la conscience de nous trouver sur un chemin *plein de dangers*, où nous risquons de manquer le but. Disons-le sans ambages : nous n'éprouvons plus de désir brûlant du ciel, il va pour nous de soi que nous nous y retrouverons un jour.

Le diagnostic peut paraître outrancier, exagéré. Mais je crains qu'il soit tout à fait pertinent.

Le message de Pâques de l'Eglise dit au contraire : « Du moment donc que vous êtes ressuscités avec le Christ, recherchez les choses d'en haut, là où se trouve le Christ, assis à la droite de Dieu » (Col 3,1). « J'ai le désir de m'en aller et d'être avec le Christ » (Ph 1, 23). Ce désir profond, pressant, n'aspire pas à n'importe quelle « vie après la mort », mais à « être avec *le Christ* », à vivre avec lui, à « demeurer auprès du Seigneur ».

« Ainsi donc, toujours pleins de hardiesse, et sachant que demeurer dans ce corps, c'est vivre *en exil* loin du Seigneur, car nous cheminons dans la foi, non dans la claire vision... Nous sommes donc pleins de hardiesse et préférons quitter ce corps pour aller *demeurer auprès du Seigneur* » (2 Co 5, 6-8).

« Demeurer auprès du Seigneur. » *La patrie*, la maison, ce sont là des mots qui éveillent un sentiment de nostalgie pour tant d'hommes et de femmes en exil. Le terme allemand de *Heimat* est empreint d'une résonance intérieure pleine d'émotion, qui ne se retrouve pas dans le français « patrie ». Dans *Heimat*, il y a plus qu'un paysage bien précis, une langue, des lieux familiers : il y a avant tout des personnes. Là où plus aucun ami, voisin, plus aucune connaissance ne vit, là aussi la *Heimat* a disparu, même si le paysage est resté le même. Que de fois les artistes de ce siècle n'ont-ils pas évoqué *la perte de la patrie* ! Combien d'hommes ont goûté au pain amer de l'exil !

L'Eglise au contraire est *la promesse d'une patrie*. Qui a trouvé l'Eglise a trouvé le chemin de la maison. S. Paul parle de cette nouvelle patrie : « *Notre* cité se trouve dans les cieux » (Ph 3, 20), et elle s'y trouve parce que *c'est là* que se trouve *notre véritable famille*. C'est pourquoi l'Apôtre dit aux croyants d'Ephèse : « Vous n'êtes plus des étrangers ni des hôtes ; vous êtes *concitoyens* des saints, vous êtes *de la maison* de Dieu » (Ep 2, 19). Et nous avons trouvé une mère : « La Jérusalem d'en haut (...) est notre mère » (Ga 4, 26). Avoir une patrie, cela signifie aussi avoir une *demeure* : « Dans la maison de mon Père, il y a de nombreuses demeures (...) ; je vais vous préparer une place. Et quand je serai allé et que je vous aurai préparé une place, à nouveau je viendrai et je vous prendrai près de moi » (Jn 14, 2-3).

Par conséquent l'Eglise est d'abord une « réalité céleste ». Comme son origine se trouve dans la vie de Dieu lui-même, dans l'unité de la Très Sainte Trinité, l'Eglise est « une réalité du ciel instituée dans le temps », pour reprendre une expression de Hans Urs von Balthasar[5]. Le fondement de l'Eglise est « en haut ». C'est pourquoi S. Augustin affirme : « Si notre fondement est au ciel, c'est au ciel qu'il faut bâtir l'édifice dont nous faisons partie. (...) Comme nous sommes un édifice spirituel, notre fondement est en haut. Courons donc vers ce fondement, pour faire partie de la construction[6]. »

Ce regard plein de nostalgie en direction de la patrie céleste ne s'accompagne pas d'une fuite devant les responsabilités terrestres. Au contraire, l'espérance du ciel, d'une pleine communion avec le Christ, « tous les anges et tous les saints », est précisément *le moteur* qui pousse à l'engagement dans ce monde. L'espérance chrétienne de la venue du Royaume demande à Dieu que son règne vienne dans la gloire ou, selon la prière de *La Didachè*, « que vienne la grâce et que passe ce monde[7] », et que son règne commence *ici-bas* déjà.

---

5. *La dramatique divine*, IV. *Le dénouement*, Namur, Culture et Vérité, 1993, p. 114.

6. *Discours sur les Psaumes*, CXXI, 4, in *Œuvres complètes de saint Augustin*, t. XV, Paris, Louis Vivès, 1873, p. 24.

7. *La Didachè*, 10, 6, dans *Les Pères apostoliques. Ecrits de la primitive Eglise*, *op. cit.*, p. 100.

Penchons-nous maintenant sur les *conséquences* de cette vision de l'Eglise comme *patrie céleste* ; d'autres développements suivront dans les trois prochaines méditations.

Dans *Lumen gentium* 48 se trouve une phrase étonnante : « Jusqu'à l'heure où seront réalisés les nouveaux cieux et la nouvelle terre où la justice habite, l'Eglise en pèlerinage porte dans ses sacrements et ses institutions, *qui relèvent de ce temps*, la figure du siècle qui passe ; elle vit elle-même parmi les créatures qui gémissent présentement encore dans les douleurs de l'enfantement en attendant la manifestation des fils de Dieu[8]. »

« L'habit de pèlerin » de l'Eglise appartient à *ce monde*, il a les apparences de *ce* monde qui passe. Comme il n'y aura plus de sacrement de mariage dans le ciel (cf. Mt 22, 30), de même l'ordre sacramentel et institutionnel de l'Eglise tout entier appartient-il au temps du pèlerinage. Ce qui *restera*, c'est ce que les sacrements et les institutions signifient et réalisent en termes de vie divine. Mais la forme des signes *passera*.

Si cette orientation de l'Eglise vers sa patrie éternelle n'est pas prise en compte ou insuffisamment, surgit alors un *double danger*, clairement visible aujourd'hui.

1) *D'une part* les aspects « établis » de l'Eglise sont survalorisés : trop d'importance est accordée à ses institutions, à son organisation. Une compréhension de l'Eglise faisant une place souvent effrayante au pragmatisme et à l'horizontalité se répand. L'Eglise est envisagée avant tout comme une œuvre humaine, et pas assez comme le lieu de la grâce. C'est là l'origine de nombreuses récriminations et de plaintes, d'énervements, de colère contre l'Eglise, et de beaucoup de déceptions aussi. Bien des choses seraient plus faciles et joyeuses à porter si nous considérions notre chemin comme *le chemin de pèlerinage* de l'Eglise,

8. Cit. *CEC* 671.

comme un « enfantement dans la souffrance », avec toute la création. Nous y verrions les peines et les difficultés du pèlerinage. Si nous reconnaissions qu'il s'agit d'un pèlerinage terrestre, nous nous protégerions aussi contre les utopies rêvant d'une Eglise idéale, parfaite ici-bas déjà (nous y reviendrons lors de la troisième méditation).

2) Mettre fortement l'accent sur le côté institutionnel expose *d'autre part* aujourd'hui à ce risque : ne pas voir suffisamment que sous sa *figure de pèlerin*, l'Eglise porte déjà *dans ses sacrements toutes les richesses de la patrie céleste*, même si elle les porte « dans des vases d'argile » (2 Co 6, 7).

« Il ne fait pas de doute que sur terre l'Eglise est aussi, dans une large mesure, une réalité visible, comme nous autres hommes qui nous réclamons d'elle, comme Jésus-Christ lui-même, lorsqu'il se trouvait sur terre. Mais ce qui était vrai pour Jésus l'est aussi pour l'Eglise. *Le plus important en elle* reste invisible, tout comme la divinité du Christ lorsqu'il se trouvait sur terre. Seule la foi y a accès[9]. »

« L'Eglise est dans l'histoire, mais elle la transcende en même temps. C'est uniquement "avec les yeux de la foi[10]" que l'on peut voir en sa réalité visible en même temps une réalité spirituelle, porteuse de vie divine[11]. »

L'exemple le plus évident de la nécessité de regarder l'Eglise « avec les yeux de la foi », ce sont les sacrements. S. Augustin parle de l'*humilitas sacramentorum*, de *l'humilité des sacrements* dans la description qu'il fait du combat spirituel mené par le lettré Marius Victorinus. Celui-ci avait peur de se ridiculiser devant les personnes en vue de son époque s'il acceptait le baptême. Mais bientôt son attitude changea : il craignit d'être renié par le Christ devant

9. H. U. von Balthasar, *Homo creatus est. Skizzen zur Theologie*, V, Freiburg in B, Johannes-Verlag-Einsiedeln, 1986, p. 149.

10. *Catechismus romanus*, 1, 10, 20.

11. *CEC* 770.

ses anges au cas où il aurait eu peur de le reconnaître devant les hommes. Et c'est ainsi qu'il surmonta la honte qu'il éprouvait face aux « mystères institués par votre Verbe » (« *humilitas Verbi tui*[12] »).

Et quel bien Augustin ne dit-il pas de son ami Alypius qui était prêt à recevoir le baptême avec lui et Adeodat, car « déjà il avait revêtu cette humilité qui est si conforme à l'esprit de vos sacrements » (« *induto humilitate sacramentis tuis congrua*[13] »).

La *superbia* qui refuse l'humble figure de la grâce du Christ dans les sacrements peut se manifester sous des formes différentes de la fierté intellectuelle de Marius Victorinus, alliée à la peur du jugement des hommes. La tentation fréquente aujourd'hui, c'est de rechercher *l'événement vécu, l'expérience*, plus que la simple ferveur de la foi. « Qui veut à tout prix ressentir pense plus à soi qu'à Dieu. Qui se plonge plein de foi et d'amour dans ce qu'affirme et fait l'Eglise – par exemple dans ce que la prière eucharistique dit vraiment –, celui-là est tourné vers Dieu et est saisi par lui sans faire d'effort particulier dans ce but[14]. »

Il existe une tentation plus subtile encore, permettant de court-circuiter l'*humilitas sacramentorum* : attendre de la figure *visible* de l'Eglise dans ses sacrements et dans ses institutions qu'elle « convainque les hommes », qu'elle les impressionne par sa force et sa pertinence, par sa beauté, par son éclat historique. On attend d'elle qu'elle soit *attirante, engageante*, qu'elle suscite l'adhésion. Cette tentation peut tourner à l'obsession dans une « société médiatique ». La reconnaissance publique, médiatique devient le critère. « Mais s'il est vrai que le sens originel des institutions ecclésiales est de rendre possible la vie divine cachée, alors il ne faut pas du tout attendre de l'institution

12. *Confessions*, VIII, 2, 4, *op. cit.*, p. 179.
13. *Id.*, IX, 6, 14, *op. cit.*, vol. II, p. 219.
14. H. U. VON BALTHASAR, *op. cit.*, p. 154.

qu'elle exerce une action particulièrement attirante et apologétique. Ce ne sont pas les institutions ecclésiales qui gagneront les hommes à l'Eglise, car ce ne sont là que des signes protégeant quelque chose d'invisible d'abord, le salut de Dieu, qui agit à travers eux[15]. »

Et là aussi il y a des surprises. Celui qui ne garde pas les yeux braqués avec fascination sur le succès des institutions ecclésiales, mais qui recherche le salut invisible, caché en elles, celui-là découvrira toujours quelque chose du rayonnement intérieur de l'Eglise, jusque dans son organisation extérieure. En effet, « *omnis gloria eius ab intus* », « toute sa gloire vient du dedans ».

Qui recherche le succès de l'Eglise dans ses institutions sera facilement déçu, il en deviendra amer. Il s'attend à ce que l'écorce soit un fruit, il confond la dure coquille avec la graine qu'elle protège et contient. D'un autre côté, il est plus facile pour nous de supporter les difficultés liées au fonctionnement quotidien de nos institutions ecclésiales si nous reconnaissons qu'elles sont l'écorce nécessaire à la protection du fruit. L'humble service rendu à la figure de pèlerin de l'Eglise peut s'éclairer de l'intérieur quand la foi, l'espérance et la charité l'animent. Combien accomplissent un tel service ici au Vatican, année après année, fidèlement, sans se faire remarquer et sans éclat ! La pratique de la « petite voie » de sainte Thérèse peut rendre lumineux le quotidien de nos institutions ecclésiales. *Alors* se produit une réforme dans l'Eglise, alors advient un renouveau rendant une nouvelle jeunesse à l'Eglise dans son pèlerinage. « Cette foi que nous avons reçue de l'Eglise, nous la gardons avec soin, car sans cesse, sous l'action de l'Esprit de Dieu, tel un dépôt de grand prix renfermé dans un vase excellent, elle rajeunit et fait rajeunir le vase même qui la contient », commente S. Irénée[16].

---

15. *Id.*, pp. 151 ss.
16. *Adversus haereses*, 3, 24 ; cit. *CEC* 175.

2. La communion des saints

« Qu'est-ce que l'Eglise sinon l'assemblée de tous les saints ? » s'interroge Nicétas de Rémésiana. Et d'en fournir une explication qui offre un résumé du cheminement suivi jusqu'ici dans cette retraite : « Les patriarches (...), les prophètes, les martyrs et tous les justes forment *une seule Eglise* depuis le commencement du monde. En effet, comme ils ont été sanctifiés par la même et unique foi, et par la même et unique vie, et marqués du signe du même et unique Esprit, ils forment un seul Corps. Le Christ est désigné pour être la Tête de ce Corps, comme il est écrit. Mais il y a plus encore. *Les anges eux-mêmes*, les puissances célestes et les pouvoirs sont des *membres de cette seule Eglise*. (...) Crois donc que tu seras toi aussi membre de cette unique Eglise, de la communion des saints. Sache que cette Eglise catholique est une, instituée sur toute la terre. Tu dois tenir fermement à sa communion[17]. »

La méditation de ce jour est consacrée à la *communio sanctorum*. C'est là *l'un* des noms de l'Eglise. Il désigne précisément cette « communion » avec le Christ[18] dans laquelle nous découvrons, au cours de cette retraite, *le mystère de vie* de l'Eglise.

« Le terme "communion des saints" a dès lors deux significations, étroitement liées : "communion aux choses saintes, *sancta*" et "communion entre les personnes saintes, *sancti*"[19]. »

Les deux significations se retrouvent dans une proclamation des liturgies orientales prononcée par le célébrant au moment où, avant la sainte communion, il élève les dons eucharistiques : « *Tà hágia toîs hagíois* ! » « *Sancta sanctis* ! » « Les fidèles (*sancti*) sont nourris du Corps et

17. *Explanatio symboli*, 10, cit. partiellement *CEC* 946.
18. Cf. *CEC* 426.
19. *CEC* 948.

du Sang du Christ (*sancta*) afin de croître dans la communion de l'Esprit Saint (*Koinonia*) et de la communiquer au monde[20]. »

Commençons par la seconde signification. C'est à elle qu'on pense le plus souvent aujourd'hui lorsqu'il est question de la « communion des saints[21] ». « Communion des saints », cela signifie d'abord qu'il existe une *communion de vie* entre *tous* ceux qui appartiennent au Christ, entre *tous* les membres de son Corps. Le Concile dit : « En attendant que le Seigneur soit venu dans sa majesté accompagné de tous les anges et que, la mort détruite, tout Lui soit soumis, les uns parmi ses disciples continuent sur terre leur pèlerinage ; d'autres, ayant achevé leur vie, se purifient encore ; d'autres enfin sont dans la gloire contemplant dans la pleine lumière, tel qu'il est, le Dieu un en trois Personnes[22]. »

L'Eglise ne finit pas au seuil de la mort. Elle est la communauté de *tous* ceux qui vivent dans le Christ. La conscience de l'unité de l'Eglise terrestre et de l'Eglise céleste s'est aujourd'hui trop souvent émoussée. Et pourtant, c'est là une dimension *essentielle* de l'Eglise. Une communion consciente avec ceux qui ont été sanctifiés dans le Christ modifie profondément notre vision de l'Eglise. Celle-ci devient alors plus ample, elle inspire davantage confiance que lorsqu'elle reste limitée à ceux qui vivent ici et maintenant. « Nous sommes nous tous l'Eglise » : c'est le « slogan » d'un mouvement de protestation et de réforme actif dans ma patrie. C'est vrai, mais à condition que dans ce « *nous tous* » soient vraiment inclus *tous* ceux qui appartiennent au Christ, de ce côté-ci et au-delà de la frontière de la mort. Ne plus voir dans l'Eglise

---

20. *Ibid.*

21. Cf. H. DE LUBAC, « Sanctorum communio », in *Théologies d'occasion*, Paris, Desclée de Brouwer, 1984, pp. 11-35, ici p. 19.

22. *LG* 49, cit. *CEC* 954.

que le « nous » de ceux qui sont rassemblés visiblement ici et maintenant, c'est l'appauvrir terriblement, la mutiler. N'est-ce pas là au contraire ce que l'Eglise a de merveilleux, n'y a-t-il pas là une source de vie inépuisable : que nous nous tendions *tous* la main dans la *communio sanctorum,* que nous puissions être là les uns pour les autres, par-delà les barrières du temps et de l'espace ? Ceux qui ont vécu et cru avant nous ne sont pas moins l'Eglise que nous, contemporains. On sous-estime toujours *la réalité* de la communauté que nous formons avec eux. Le Concile dit à ce propos : « En effet, tous ceux qui sont du Christ et possèdent son esprit constituent une seule Eglise et se tiennent mutuellement comme un tout dans le Christ. L'union de ceux qui sont encore en chemin avec leurs frères qui se sont endormis dans la paix du Christ ne connaît pas la moindre intermittence ; au contraire, selon la foi constante de l'Eglise, cette union est renforcée par l'échange des biens spirituels. *Etant en effet plus intimement liés avec le Christ,* les habitants du ciel contribuent à affermir plus solidement toute l'Eglise en sainteté, ils ajoutent à la grandeur du culte que l'Eglise rend à Dieu sur la terre et l'aident de multiples façons à se construire plus largement. (...) Ainsi leur sollicitude fraternelle est du plus grand secours pour notre faiblesse[23]. »

Encore une fois, il est difficile d'envisager ce qui est affirmé dans ce texte avec tout *le réalisme* qui conviendrait. Ceux qui sont dans le Christ, les saints du ciel, sont *plus intimement unis au Christ* qu'ils l'étaient sur la terre. Comment tout leur être ne serait-il pas entraîné dans « l'être-pour-nous » de Jésus ? L'aide du ciel – « *de multiples façons* », dit le Concile – est comme un fleuve de vie invisible, mais puissant. La petite sainte Thérèse le savait et elle n'hésite pas à dire : « Si le bon Dieu exauce mes désirs, mon Ciel se passera sur la terre jusqu'à la fin du

---

23. *LG* 49, cit. *CEC* 954-956.

monde. Oui, je veux passer mon ciel à faire du bien sur la terre[24]. » A la fin de sa vie, on lui demanda : « Vous nous regarderez du haut du Ciel, n'est-ce pas ? » Mais elle répondit : « Non, je descendrai[25]. »

Ce que Thérèse déclare spontanément correspond à la vision de l'Apôtre à Patmos, lui à qui l'ange a montré « la Cité sainte, Jérusalem, qui descendait du ciel, de chez Dieu, avec en elle la gloire de Dieu » (Ap 21, 10-11).

Ce que Thérèse dit d'elle-même vaut pour toute l'Eglise céleste : totalement unie au Christ, elle est aussi celle qui vient totalement à nous avec lui. L'Apocalypse le nomme celui qui « vient » (Ap 1, 4). Avec lui, le ciel descend aussi sur la terre.

L'autre affirmation de la petite sainte Thérèse est encore une fois très audacieuse : « Il *faudra* que le bon Dieu fasse toutes mes volontés au Ciel, parce que je n'ai jamais fait ma volonté sur la terre[26]. »

Marie qui n'a fait que la volonté de Dieu sur la terre est « pour cette raison précisément la plus active au ciel[27] ».

Communio sanctorum, cela signifie que le ciel est proche de la terre, que les mots de Jésus, « Je suis avec vous pour toujours... », concernent tous ceux qu'il a conduits au Père : « Nous voici, moi et les enfants que Dieu m'a donnés » (He 2, 13). Il est toujours avec nous en compagnie de *tous* ceux qui sont avec lui.

Comment cette proximité secourable des saints du ciel agit-elle sur l'Eglise ? Celle-ci ne devrait-elle pas dès lors progresser continuellement ? Ne devrait-elle pas avoir toujours plus de succès, grâce à l'aide d'une foule toujours plus grande de saints ? L'Eglise ne devrait-elle pas prospérer visiblement, elle qui dispose d'une si puissante

---

24. *Le Carnet jaune de Mère Agnès*, 17 juillet 1897, « Derniers entretiens », dans *op. cit.*, p. 1050.
25. *Id.*, 13 juillet 1897, dans *op. cit.*, p. 1039.
26. *Ibid.*
27. H. U. VON BALTHASAR, *op. cit.*, p. 163.

« protection » d'en haut ? La *communio sanctorum* ne se révèle-t-elle pas inefficace, n'est-elle pas une pieuse illusion ?

En retour, nous devons nous poser cette question : qu'attendons-nous des saints du ciel, de nos frères et sœurs qui ont déjà atteint la perfection et qui sont pourtant remplis d'amour bienveillant à notre égard ? Attendons-nous de leur action l'aplanissement de tous les obstacles ? Attendons-nous une reconnaissance universelle et éclatante de l'Eglise ? N'oublie-t-on pas souvent ce qui constitue la véritable vie de l'Eglise ? Ce que l'Eglise doit précisément transmettre, tout cela n'est-il pas considéré en son sein même comme dénué d'intérêt, sans importance : la filiation divine, la grâce, la « communion de vie » avec le Christ ? Ne place-t-on pas en même temps en elle des espoirs qu'elle ne peut que décevoir : qu'elle soit un « *monde* intact » dans lequel tout « va bien », tout « est en ordre », de la protection de la nature à la reconnaissance publique, en passant par les relations humaines[28] ?

Comme l'Eglise dans ses institutions et ses sacrements appartient à *ce* temps, comme elle « crie dans les douleurs et le travail de l'enfantement » (Ap 12, 2), elle ne peut qu'être décevante face à ce genre d'attentes purement humaines. C'est parce qu'elle n'est pas la « société parfaite » qu'on attendait, que se produisent des abandons indignés de l'Eglise. Dans nos pays riches, la grande apostasie ne provient-elle pas aussi du fait qu'on ne voit plus dans la *communio sanctorum* le vrai trésor de l'Eglise, et qu'on n'en parle pas assez dans la prédication ?

La croissance, l'aide qui nous sont offertes du ciel se réalisent dans la mise en commun des biens *célestes*. La communion des saints dans le Christ grandit par la communion dans les saints dons, les *sancta*. Là où cela est le

28. Cf., sur l'espérance, J. RATZINGER, *Regarder le Christ*, *op. cit.*, pp. 49-81.

plus évident, c'est dans la célébration de l'eucharistie. Le Christ y est en même temps le don et celui qui le donne : « Car la participation au Corps et au Sang du Christ n'a pas d'autre effet que de nous transformer en ce que nous recevons[29]. »

Le ciel et la terre, l'Eglise céleste et l'Eglise en pèlerinage sur la terre sont réunies dans la célébration de l'eucharistie. Annonçons-nous assez souvent et ouvertement que nous célébrons *réellement* l'eucharistie « avec tous les anges et tous les saints » ? « Aucune célébration eucharistique ne se déroule en leur absence[30]. » Quand nous disons le *Communicantes* et le *Nobis quoque peccatoribus* de la prière eucharistique du Canon romain, nous nous unissons « en premier lieu à la bienheureuse Marie toujours vierge, Mère de notre Dieu et Seigneur, Jésus-Christ », à S. Joseph, aux Apôtres, aux martyrs et à tous les saints. Nous célébrons l'eucharistie en communion avec eux. La *communio sanctorum* est mise en relief d'une manière particulièrement impressionnante dans la prière du *Supplices te rogamus* : que cette offrande « soit portée par ton ange en présence de ta gloire, sur ton autel céleste, afin qu'en recevant ici, par notre communion à l'autel, le corps et le sang de ton Fils, *nous soyons comblés de ta grâce et de tes bénédictions* ».

Encore une fois, il faut entendre tout cela à la lettre et d'une manière réelle : quand nous recevons de l'unique autel, terrestre et céleste, le seul don, le corps et le sang du Christ, nous sommes réellement remplis « *omni benedictione coelesti et gratia* ».

Communio sanctorum : c'est la communauté de tous ceux qui, comme le Christ et avec lui, *répondent les uns des autres*. C'est pourquoi, en tant que *communio sanctorum*, l'Eglise n'est pas un groupement particulier parmi

---

29. LÉON LE GRAND, cit. *LG* 26.
30. H. U. VON BALTHASAR, *op. cit.*, p. 156.

d'autres. Elle est au contraire le centre de l'humanité, « le cœur du monde ». Il faut entendre, encore une fois, d'une manière tout à fait réaliste ce que nous disons dans cette oraison de la messe : « Toutes les fois que le sacrifice de la Croix par lequel le Christ notre Pâque a été immolé se célèbre sur l'autel, l'œuvre de notre rédemption s'opère[31]. »

« L'œuvre de notre salut s'accomplit » sous l'humble forme, peu voyante, de la célébration eucharistique : « Par le sacrifice qui nous réconcilie avec toi, étends au monde entier le salut et la paix[32]. »

Ce n'est qu'au ciel que nous découvrirons comment la *communio sanctorum* a concouru à notre salut. Sainte Thérèse le dit d'une manière très concrète : « Au Ciel on ne rencontrera pas de regards indifférents, parce que tous les élus reconnaîtront qu'ils se doivent entre eux les grâces qui leur ont mérité la couronne[33]. »

La *communio sanctorum* est « une communion de personnes qui répondent les unes des autres et dont on ne peut mesurer l'importance[34] ». *Là* réside le secret de son impact incalculable pour le salut « du monde entier ».

« L'un pour l'autre » : c'est là le principe vital de la *communio sanctorum*, à partir du Christ. Ce principe montre son efficacité d'une manière particulière dans la communion avec *les défunts*. « Notre prière pour eux (les défunts) peut non seulement les aider, mais aussi rendre efficace leur intercession en notre faveur[35]. »

« Le moindre de nos actes fait dans la charité retentit *au profit de tous* (...). Tout péché nuit à cette communion[36]. »

---

31. *LG* 3, cit. *CEC* 1364.
32. Prière eucharistique III.
33. *Le Carnet jaune de Mère Agnès*, 15 juillet 1897, « Derniers entretiens », dans *op. cit.*, p. 1048.
34. H. U. von Balthasar, *op. cit.*, p. 156.
35. *CEC* 958.
36. *CEC* 953.

C'est ainsi que la *communio sanctorum* signifie encore que nous sommes responsables les uns des autres, que nous sommes *tous responsables les uns à l'égard des autres.* « Nul d'entre nous ne vit pour soi-même, comme nul ne meurt pour soi-même » (Rm 14, 7). La *communio sanctorum* est, selon le mot de Léon Bloy, « antidote ou contrepartie de la Dispersion de Babel[37] ». Et pour finir, ce mot de Thérèse, dans ses « Derniers entretiens » : « Qu'est-ce que ce sera donc au Ciel quand les âmes connaîtront celles qui les auront sauvées ? ![38] »

3. A l'approche du troisième millénaire

« L'Eglise, au terme des siècles, sera consommée dans la gloire. » Elle n'est donc pas encore « consommée » : elle le sera. « *Gloriose consummabitur* » : dans la gloire ! Ce qui signifie qu'elle n'est pas encore « consommée » dans *la gloire.* D'une certaine manière, elle est déjà « consommée », mais pas encore dans la gloire. Dans quelle mesure est-elle alors déjà « consommée » et que lui manque-t-il encore pour qu'elle le soit *dans la gloire* ? Et *comment* cela se produira-t-il ? Pour son maître et Seigneur, tout a été accompli par la Passion et par la Croix ! Et quand cela se produira-t-il ? « Au terme des siècles ! » Cela fera bientôt deux mille ans que l'Eglise attend. Même si « devant le Seigneur, un jour est comme mille ans » (2 P 3, 8), on ne peut écarter la question : devons-nous attendre encore plus longtemps un achèvement que l'on a déjà attendu depuis si longtemps, trop longtemps, beaucoup trop longtemps est-on tenté de dire, cela d'autant plus que le Seigneur a

37. Léon Bloy, *Le pèlerin de l'absolu*, dans *Journal* III, 15 nov. 1912, Paris, Mercure de France, 1963, p. 341.

38. *Le Carnet jaune de Mère Agnès*, 23 août 1897, « Derniers entretiens », dans *op. cit.*, p. 1107.

éveillé à de nombreuses reprises l'espoir de sa venue prochaine ? De nombreuses paroles prophétiques ont en effet conforté cet espoir (cf. Mc 9, 1 ; Ap 22, 20).

La question se pose avec encore plus d'urgence aujourd'hui que touche à sa fin le deuxième millénaire après la naissance du Christ. Où l'Eglise en est-elle dans sa marche à travers le temps ? « *Custos, quid de nocte ?* » La nuit est-elle avancée ? Le jour approche-t-il ?

Ce que toute l'Eglise vit et souffre se reflète dans la vie de chacun. Chacun de nous doit se demander quand prendra fin le pèlerinage terrestre, mais aussi ce qu'il en est de son cheminement de foi personnel : « *Nox praecessit, dies autem appropinquabit* » (Rm 13, 12). A quel point notre nuit est-elle avancée ?

Nous consacrerons donc les deux dernières méditations de notre retraite « aux fins dernières » de l'Eglise et de notre propre vie, en jetant un regard tout particulier sur *le grand Jubilé* qui nous attend. Que, dans l'Esprit Saint, le Seigneur nous permette de reconnaître « les signes des temps » !

« Ainsi donc déjà les derniers temps sont arrivés pour nous (cf. 1 Co 10, 11). Le renouvellement du monde est irrévocablement acquis et, en toute réalité, anticipé dès maintenant : en effet, déjà sur la terre l'Eglise est parée d'une sainteté encore imparfaite mais véritable[39]. »

Il n'y aura pas de *nouvel* âge, différent de celui *post Christum natum*. Depuis le « c'est achevé » (Jn 19, 30) du Vendredi Saint, depuis le matin de Pâques, depuis le jour de la Pentecôte, « le renouvellement du monde est irrévocablement acquis ». L'espérance d'une nouvelle Pentecôte dans l'Eglise, suscitée par le Concile Vatican II, ne se réfère pas à une *autre* époque. Elle signifie que le Christ doit être reconnu plus profondément et aimé, lui dont l'Eglise du Concile confesse : « La clé, le centre, la fin de

39. *LG* 48, 3.

toute histoire humaine se trouve en son Seigneur et Maître[40]. »

Ce qui vaut pour l'Eglise vaut aussi pour chacun : « (...) Pour que nous soyons appelés enfants de Dieu. Et nous le *sommes* ! » (1 Jn 3, 1). « Vous *êtes* ressuscités avec le Christ » (Col 3, 1). Et pourtant, « ce que nous *serons* n'a pas encore été manifesté » (1 Jn 3, 2). Quand cela sera-t-il manifesté ? Quand l'accomplissement sera-t-il *entier* ? Ne sommes-nous pas au seuil d'une nouvelle ère de la vie de l'Eglise, d'une nouvelle descente du Saint-Esprit ?

Tout au long des siècles, l'Eglise a été *tentée* par le rêve d'un « âge d'or » de la foi. A l'approche de l'an 2000, on peut être séduit par l'espérance d'une nouvelle époque de la foi, d'un temps où l'Eglise resplendira, où les résistances s'affaibliront, où la foi vaincra. En pensant aux chrétiens persécutés à l'Est, l'Occident s'est complu dans un tel espoir. Alors que la sécularisation vidait les Eglises de l'Ouest, on attendait, de l'Est, un renouveau spectaculaire de la foi. « *Ex Occidente luxus, ex Oriente lux !* » Nous avons certes pu constater que l'effondrement du communisme a profondément transformé le visage de l'Eglise à l'Est, mais son cheminement reste tout aussi difficile. Les ravages du communisme ont été trop profonds. Il n'y a pas davantage de « new age » pour l'Eglise dans le Tiers Monde. Aujourd'hui comme hier, l'Asie reste dans une large mesure une terre hostile au christianisme. Et en Amérique latine, l'Eglise est profondément éprouvée par la progression des sectes. En cette fin de siècle, l'Eglise paraît confrontée à des difficultés toujours plus nombreuses. Et cela ne vaut-il pas aussi pour chacun de nous, notre foi personnelle n'est-elle pas mise à rude épreuve ? L'attente d'un triomphe de l'Eglise, d'une « réussite de la vie chrétienne », a-t-elle été comblée ? La réalité d'aujourd'hui, notre lot de tous les jours, n'est-ce pas un combat

40. *GS* 10, 2 ; cit. *CEC* 450.

souvent décourageant contre nos propres imperfections et la puissance du mal ?

Faire ces constatations, ce n'est pas succomber au pessimisme. C'est simplement décrire la situation de l'Eglise et des croyants dans ce « temps de l'Eglise ». Ce que dit S. Augustin est et restera *toujours* valable, de la Pentecôte à la Parousie : « L'Eglise avance dans son pèlerinage à travers les persécutions du monde et les consolations de Dieu[41]. » Les consolations de Dieu ne lui feront jamais défaut, mais elle sera aussi constamment confrontée aux difficultés du monde.

Il fut un temps, après le Concile, où il était mal vu de parler du monde comme d'une « vallée de larmes ». Et pourtant, quelle consolation de pouvoir, *gementes et flentes in hac lacrimarum valle*, saluer en Marie notre *advocata*, *spes nostra*, et nous réfugier sous sa protection (« *Sub tuum praesidium confugimus* ») !

L'Eglise sera toujours *en pèlerinage*. Nous ne devons jamais oublier que nous sommes « des étrangers et des voyageurs » (1 P 2, 11) « ici sur terre ». Nous n'avons pas de droit de citoyenneté durable (en Suisse, on dirait que nous possédons le statut de « saisonnier »). Lorsque nous l'oublions, lorsque nous ne voulons plus le reconnaître, parce que nous nous sommes « établis », alors c'est « le monde » qui nous le rappelle en nous persécutant ou en nous traitant comme des « étrangers ».

« Paroisse », *paroikia*, signifie communauté de *paroikoi*, d'étrangers qui ne jouissent pas du droit de citoyenneté. C'est la raison pour laquelle l'Eglise ne pourra jamais s'identifier à *un* peuple, à *une* tribu, à *une* nation. La Lettre *A Diognète* affirme : « Toute terre étrangère leur est une patrie et toute patrie une terre étrangère[42]. » Il ne faut pas seulement voir dans cette situation d'étranger, de pèlerin,

---

41. Cit. *CEC* 769.
42. *A Diognète*, V, 5, Sources chrétiennes 33, Paris, Cerf, 1951, p. 63.

une conséquence des persécutions. C'est souvent le résultat d'un choix, celui de suivre le Christ, lui qui « est venu chez lui, et les siens ne l'ont pas accueilli » (Jn 1, 11). « Les renards ont des tanières et les oiseaux du ciel ont des nids ; le Fils de l'homme, lui, n'a pas où reposer la tête » (Mt 8, 20). Voici la *conditio christiana* : suivre dans la pauvreté le Christ pauvre, effectuer un pèlerinage sur la terre alors que sa demeure se trouve dans le ciel. Certains versets de la Sainte Ecriture sont volontiers laissés de côté aujourd'hui, celui-ci par exemple : « N'aimez ni le monde ni ce qui est dans le monde. (...) Le monde passe avec ses convoitises » (1 Jn 2, 15.17). Peut-être ces mots ont-ils été trop rapidement écartés sous prétexte de « fuite du monde ». Aujourd'hui, ils nous manquent.

Ce qui est surprenant, c'est que ces hommes qui éprouvaient une telle nostalgie de la patrie éternelle, qui parlaient de la *fuga mundi*, étaient de grands civilisateurs. Très cultivés, ils étaient des collectionneurs passionnés, des « passeurs » intéressés par tout ce qu'il y a de beau, de vrai et de bien. Par contre, les idéologies qui voulaient instaurer une nouvelle humanité en réalisant le paradis sur terre n'ont laissé que destructions et dévastations (quelle horreur, le génocide cambodgien planifié et mis en œuvre par Pol Pot). A l'inverse, le monachisme, qui rêvait aussi d'une humanité nouvelle, mais qui n'existerait cependant que dans le monde à venir, n'a ni dévasté ni détruit. Il a conservé, cultivé, bâti. N'est-il pas étonnant que les grandes réalisations culturelles de la chrétienté aient été le fait d'hommes qui chantaient : *media vita in morte sumus* et en même temps aspiraient à contempler la gloire de Dieu *post hoc exilium* ?

Les bâtisseurs de cathédrales savaient qu'ils ne verraient pas leur œuvre achevée. En ayant si profondément conscience de leur état de pèlerins, où ces hommes puisaient-ils *la patience* nécessaire à la mise en œuvre de tels chantiers ? Voici peut-être la réponse : celui qui se sait pèlerin ne doit ni ne veut déjà tout posséder, il ne cherche pas à jouir de tout dans cette vallée de larmes. Il sait qu'il n'est qu'un maillon d'une longue chaîne, précédé et suivi par d'autres maillons. Il renonce plus facilement au nom d'une grande œuvre commune. Il est intimement convaincu que « nous n'avons pas ici-bas de cité permanente, mais nous recherchons celle de l'avenir » (He 13, 14). Et il trouve quand même le courage de bâtir des cathédrales, des générations durant.

La tentation est grande d'espérer qu'un jour viendra où l'Eglise n'aura plus à porter de joug. Et pourtant le joug ne lui sera pas enlevé. Il sera seulement rendu *léger*, parce que c'est *son* joug : « Chargez-vous de *mon* joug (...). Oui, mon joug est aisé et mon fardeau léger » (Mt 11, 29-30). Il n'y a pas moyen de se défaire de ce joug.

Jusqu'au retour du Seigneur, l'Eglise, nous tous, ne serons que des « hôtes sur la terre ». Mais cela ne veut pas dire que l'Eglise ne s'intéresse pas à cette terre. Etre un *pèlerin*, ce n'est pas être un *vandale*. La grande vertu des pèlerins, c'est *la patience, la persévérance*. Avec quelle patience l'Eglise œuvre dans le domaine de l'éducation, au service des malades et des pauvres ! Les parénèses de S. Paul témoignent de cette patience. Ce ne sont pas là les termes de quelqu'un qui attendrait l'apocalypse, la grande intervention de Dieu qui résoudrait tous les problèmes. Celui qui parle puise patiemment dans la foi l'espérance qui ne se lasse pas de faire le bien.

La nouvelle évangélisation ressemblera peut-être à la première. Ce sont de petites cellules, les communautés, les foyers chrétiens qui ont répandu « l'Evangile de la vie » par le témoignage de leur *vie*. Ce sont eux qui ont redonné *le goût de la vie* à une société antique qui se délitait moralement. Avec quelle *patience* – et non sans l'aide de la grâce – ont été semés dans un monde « sans cœur, sans pitié » (Rm 1, 31), les germes des vertus ! Et avec ce résultat : la naissance de ce qui devait ressembler à une

« civilisation de l'amour ». Et pourtant, que de choses restent encore étrangères au salut, à l'Evangile, dans les premiers temps, même là où le christianisme était vécu si intensément. *Tertio millennio adveniente* donne l'exemple de l'aveuglement face à l'esclavage et à la torture[43], dont l'Eglise doit aujourd'hui se repentir. Et que de choses non encore atteintes par le salut, non encore évangélisées ou à réévangéliser dans l'Eglise de notre temps, dans notre propre vie ! Ce que dit le Concile s'applique à *l'ensemble* du pèlerinage de l'Eglise : « Tandis que le Christ saint, innocent, sans tache (cf. He 7, 26), venu uniquement pour expier les péchés du peuple (cf. He 2, 17), n'a pas connu le péché (cf. 2 Co 5, 21), l'Eglise, elle, qui renferme des pécheurs dans son propre sein, est donc à la fois sainte et appelée à se purifier, et poursuit *constamment* son effort de pénitence et de renouvellement[44]. » Aussi longtemps que dure son pèlerinage, l'Eglise est *semper purificanda.* Elle doit faire pénitence et se renouveler *continuo.* Aussi longtemps que l'Eglise poursuivra son pèlerinage sur la terre, aussi longtemps que toutes choses n'auront pas « été soumises » (1 Co 15, 28) au Christ, le salut de l'Eglise, le salut de chacun de nous sera certes déjà réalisé par le Christ dans la mesure où nous formons « un grand nombre », mais il ne sera pas encore *consommé* en nous : « Le Christ, après s'être offert une seule fois pour enlever les péchés d'un grand nombre, apparaîtra une seconde fois – hors du péché – à ceux qui l'attendent, pour leur *donner le salut* » (He 9, 28).

Nos aspirations les plus chrétiennes, nos plus nobles efforts ont eux aussi besoin d'être purifiés, d'être « sauvés ». Avant de terminer, je ne mentionnerai qu'*un* vœu du Saint Père que l'Eglise et tous les chrétiens doivent avoir à cœur : le désir de l'unité des chrétiens.

---

43. Lettre apostolique *Tertio millennio adveniente*, 35.
44. *LG* 8, cit. *CEC* 827.

Le Concile s'est exprimé à ce sujet. Il dit que les divisions des chrétiens se produisirent « parfois de par la faute des personnes de l'une et de l'autre partie[45] ». Nous avons pris aujourd'hui davantage conscience du fait que l'éclatement de la chrétienté est un signe, nous montrant combien de choses n'ont pas encore été transformées par la venue du Christ dans l'histoire chrétienne. Aujourd'hui où dans le monde entier tant d'efforts sont réalisés en vue de l'unité des chrétiens, nous devons nous poser une *autre* question : dans quelle mesure la recherche de l'unité n'est pas elle aussi *semper purificanda* ?

Un des plus grands maîtres spirituels de notre temps, le moine copte orthodoxe Matta el Maskine (Mathieu le pauvre) attire notre attention sur ce point : ce ne sont pas seulement les divisions, mais aussi les efforts en vue de l'unité qui peuvent porter la marque de l'esprit du monde. S'agit-il de l'unité pour laquelle Jésus a prié : « Afin que tous soient un. Comme toi, Père, tu es en moi et moi en toi, qu'eux aussi soient *en nous* » (Jn 17, 21) ? S'agit-il au contraire d'une « coalition », d'une « unité qui rend fort » ? Et Amba Matta de demander si les efforts en vue de l'unité ne peuvent pas masquer la tentation de rejeter enfin le joug de la faiblesse afin d'être fort devant le monde. Une Eglise persécutée depuis des siècles comme l'Eglise copte peut mieux que toute autre connaître ce genre de tentation[46]. Mais ne se retrouve-t-elle pas également dans les efforts des « grandes Eglises sœurs » ? Et le Seigneur ne nous impose-t-il pas la croix, la honte de la désunion qui provoque la risée du monde et fait scandale, parce que nous ne sommes pas encore en mesure de vivre cette unité à l'instar de celle du Père et du Fils ? L'Eglise n'est-elle pas

45. *Unitatis redintegratio*, 3, cit. *CEC* 817.

46. Cf. « L'unité chrétienne », dans *Prière, Esprit Saint et unité chrétienne*, collection Spiritualité Orientale, n° 48, Abbaye de Bellefontaine, 1990, pp. 189-205.

victorieuse précisément quand elle est « faible », quand elle est guidée par l'« Agneau, comme égorgé » (Ap 5, 6) ? Dans son roman *Le mariage de Magdebourg*[47], qui met en scène la division de l'Eglise allemande, Gertrud von Le Fort met dans la bouche du feld-maréchal Tilly ces mots, à l'intention d'un jeune officier protestant : « *Marie ne vainc pas l'épée à la main, mais l'épée dans le cœur.* »

4. Voici l'époux ! sortez à sa rencontre !

« Mais à minuit un cri retentit : "Voici l'époux ! sortez à sa rencontre !" » (Mt 25, 6).

L'Eglise, affirme le Concile, « forme de ce royaume (le royaume du Christ) le germe et le commencement sur la terre. Cependant, tandis que peu à peu elle s'accroît, elle-même aspire à l'achèvement de ce royaume, espérant de toutes ses forces et appelant de ses vœux l'heure où elle sera, dans la gloire, réunie à son Roi[48] ».

L'Eglise est communion de vie avec Jésus-Christ. Comment n'aspirerait-elle pas à être réunie au Christ ? Ce but auquel tend l'Eglise, son achèvement dans le Christ constituera donc le thème de cette dernière méditation. Nous nous intéresserons à trois aspects très différents à première vue. Ce qu'ils ont de commun, c'est l'ardent désir du Christ dont ils témoignent : la prière liturgique « *versus Orientem* » ; le service pastoral comme expression de l'amour du Christ et la dernière épreuve de l'Eglise.

1) Du temps des premiers chrétiens, l'appel à la venue du Seigneur était omniprésent dans la liturgie. « *Marana tha* », « Seigneur, viens ! » (1 Co 16, 22), telle était l'exclamation de l'Eglise. « L'Esprit et l'Epouse » (Ap 22, 17)

47. Titre allemand : *Die Magdeburgische Hochzeit.*
48. *LG* 5, 2.

s'adressent au Christ dans les mêmes termes, sur quoi il leur répond : « Oui, mon retour est proche ! » (Ap 22, 20).

La célébration de l'eucharistie est le lieu privilégié où l'Eglise exprime son *Marana tha*. C'est là, dans la présence sacramentelle, que nous est donné le *pignus futurae gloriae*, « le gage de la vie à venir[49] ». *L'orientation eschatologique* de la prière et de la liturgie est-elle suffisamment explicite dans la conscience des croyants, dans la prédication, dans la célébration des fêtes liturgiques ? L'essentiel, c'est l'orientation *intérieure* de la prière liturgique. Sa forme extérieure – la direction dans laquelle se déroule la célébration – est secondaire.

« L'orientation intérieure de l'Eucharistie ne peut qu'être toujours la même, c'est-à-dire du Christ vers le Père dans l'Esprit Saint – il faut simplement se demander comment on exprime cela au mieux par les gestes liturgiques[50]. »

Comment cela s'exprime-t-il dans la langue des gestes liturgiques ? Avant la réforme liturgique, la coutume la plus largement répandue était celle-ci : le prêtre et les fidèles, solidaires dans leur prière, s'adressaient au Père « *per Christum Dominum nostrum* ». Ce qui importait dans l'attitude du prêtre, ce n'était pas qu'il tourne le dos au peuple, mais qu'il soit tourné avec les fidèles vers le Seigneur. « *Conversi ad Dominum oremus* », aimait dire S. Augustin à la fin de ses prédications.

L'orientation, le fait d'être tourné vers l'Orient, met en évidence la composante *eschatologique* de la prière. Dès le début, dans l'attente du retour du Seigneur, que ce soit en privé ou en public, les chrétiens priaient « *versus Orientem* ». De nombreuses recherches, très précises, portant sur l'orientation des églises médiévales ont révélé

---

49. *CEC* 1402.

50. J. RATZINGER, *La célébration de la foi. Essai sur la théologie du culte divin*, Paris, Téqui, 1985, p. 132.

l'importance qui lui était accordée à l'époque. La cathédrale Saint-Etienne de Vienne a été construite exactement dans l'axe du lever du soleil au jour de la fête de Saint-Etienne de l'an 1137. C'est ce jour-là qu'a été posée la première pierre de l'édifice. Le Christ, l'*Oriens ex alto*, resplendit dans l'éclat de ses saints.

Impressionnante également la lumière du matin inondant, par ses portes et fenêtres, la basilique de Saint-Pierre. Depuis le début, le Saint Père célèbre ici *versus Orientem*, en direction du Christ, *obviam Sponso*. Nous avons aujourd'hui très largement oublié le sens de ces symboles cosmiques dans nos célébrations liturgiques. Et pourtant de tels signes ont une grande importance, car ils permettent d'« incarner » la foi. En priant ensemble *versus Orientem*, prêtres et fidèles liaient « orientation » cosmique, foi en la résurrection du Christ, *Sol oriens,* et attente de sa Parousie dans la gloire.

Ce symbolisme liturgique ne doit certainement pas être considéré comme un absolu. Il ne doit pas non plus devenir l'objet d'un combat idéologique. *Une* chose reste pourtant inconditionnellement valable et nécessaire : la célébration liturgique dans son ensemble est un *obviam Sponso*, une anticipation de la venue définitive du Christ. *Il* doit être au centre, car nous confessons *sa* mort et *sa* résurrection et nous attendons *son* retour.

Cela ne signifie pas pour autant que la *nouvelle* manière de célébrer – nouvelle d'un point de vue historique –, *versus populum*, soit moins légitime. Mais à cette condition : que l'orientation vers le Christ reste clairement marquée. L'autel, « symbole du Christ Lui-même[51] » doit se trouver vraiment au centre de la célébration, et le prêtre, qui est à l'autel *in persona Christi Capitis*, ne doit agir qu'en fonction du Christ. Le célébrant doit détourner de sa personne les regards des fidèles et les inviter à se tourner vers le

51. *CEC* 1383.

Christ. Il doit adopter l'attitude de Jean-Baptiste : « Il faut que lui grandisse et que moi je décroisse » (Jn 3, 30). Etre « l'ami de l'époux », être « ravi de joie à la voix de l'époux » (Jn 3, 29), c'est là la posture qui convient au prêtre, dont le service qu'il rend aux croyants se transforme en une invitation : « Obviam Sponso ! »

2) L'ardent désir d'aller à la rencontre du Christ s'accompagne de l'aspiration à devenir semblable à lui (cf. Rm 8, 29). *Obviam Sponso* : cela ne signifie pas seulement espérer sa Parousie, mais d'abord aller à sa rencontre, là où il s'est lui-même rendu en s'abaissant : « la mort sur une croix » (Ph 2, 8). Un sermon de S. Augustin sur la Transfiguration du Seigneur fournit un bel exemple de cette invitation. « Qu'"il nous faut passer par bien des tribulations pour entrer dans le Royaume de Dieu" (Ac 14, 22) : "Cela Pierre ne l'avait pas encore compris quand il désirait vivre avec le Christ sur la montagne (cf. Lc 9, 33). Il t'a réservé cela, Pierre, pour après la mort. Mais maintenant il dit lui-même : Descends pour peiner sur la terre, pour servir sur la terre, pour être méprisé, crucifié sur la terre. La Vie descend pour se faire tuer ; le Pain descend pour avoir faim ; la Voie descend pour se fatiguer en chemin ; la Source descend pour avoir soif ; et tu refuses de peiner[52] ?" »

« *Obviam Sponso !* » Cela signifie aussi aller au-devant du Christ avec la lampe allumée de l'amour pastoral, *amor pastoralis.* « Le Seigneur a dit clairement que le soin apporté à son troupeau était une preuve d'amour pour Lui[53]. »

« Le prêtre est appelé à être l'image vivante de Jésus-Christ, Epoux de l'Eglise[54]. » « Le principe intérieur, la vertu qui anime et guide la vie spirituelle du prêtre, en tant que configuré au Christ Tête et Pasteur, est *la charité pastorale*, participation à la charité pastorale du Christ

52. *Sermones*, 78, cit. *CEC* 556.

53. S. JEAN CHRYSOSTOME, *De sacerdotio*, 2, 4 ; cit. *CEC* 1551.

54. *Pastores dabo vobis*, 22.

Jésus[55]. » *Obviam Sponso !* Cela veut dire pour nous autres prêtres : aimer l'Eglise, le troupeau qui nous a été confié, toujours davantage, de cet amour dont le Christ a « aimé l'Eglise » (Ep 5, 25) pour laquelle il s'est livré.

3) *Obviam Sponso !* Mais cela signifie aussi pour l'Eglise dans son ensemble, pour l'Epouse du Christ, devenir toujours plus *semblable à lui.* Elle doit elle aussi, comme chaque fidèle, « passer par bien des tribulations pour entrer dans le Royaume de Dieu » (Ac 14, 22). A l'approche du *grand Jubilé*, la question suivante revêt une nouvelle urgence pour l'Eglise : « Jusques à quand, Maître saint et vrai, tarderas-tu à faire justice ? » (Ap 6, 10). En effet, le cri pressant des « âmes de ceux qui furent égorgés pour la Parole de Dieu et le témoignage qu'ils avaient rendu » (Ap 6, 9) s'élève à nouveau, cri poussé par le grand nombre, le trop grand nombre de martyrs de notre siècle dont le nom est consigné dans le livre de vie. A eux aussi on dit « de patienter encore *un peu*, le temps que fussent au complet leurs compagnons de service et leurs frères qui doivent être mis à mort comme eux » (Ap 6, 11).

Qu'est-ce que ce « encore un peu », ce temps (*chrónon mikrón*) de l'attente, ce temps du repos ? C'est « le temps de l'Eglise » dont nous avons déjà étudié la signification, mais sur lequel nous revenons maintenant.

a) C'est le temps de l'attente, de la persévérance « jusqu'au bout » (Mt 10, 22). Avec beaucoup de profondeur, Origène n'y voyait pas seulement l'attente de l'Eglise en pèlerinage, mais celle de l'Eglise *tout entière*, au ciel et sur la terre. Les saints du ciel attendent eux aussi avec nous. Ils attendent que *tous* les membres du Corps du Christ soient sauvés et rendus parfaits, jusqu'aux derniers[56].

55. *Id.*, 23.

56. *Homélie 7 sur le « Lévitique »*, cit. H. DE LUBAC, *Catholicisme. Les aspects sociaux du dogme*, 5e éd., Paris, Cerf, 1952, texte 23, pp. 355-361.

Toute l'Eglise se trouve dans un « état intermédiaire ». Elle attend d'être réunie à son Epoux. Et *tous* ses membres, chacun à sa manière, ont part à cette « attente active » : les saints du ciel par leur intercession, la protection qu'ils nous accordent à nous autres pèlerins ; l'Eglise en marche où nous complétons dans notre chair « ce qui manque aux épreuves du Christ pour son Corps, qui est l'Eglise » (Col 1, 24). Ce n'est qu'avec la résurrection, « au dernier jour[57] », que « la construction du Corps du Christ » (Ep 4, 12) sera achevée. Cette vision *solidaire* de l'Eglise dans son « état intermédiaire » peut nous aider à dépasser un « individualisme du salut ».

b) C'est le temps de l'ultime épreuve de l'Eglise. Voici ce qu'en dit le *Catéchisme* : « Avant l'avènement du Christ, l'Eglise doit passer par une épreuve finale qui ébranlera la foi de nombreux croyants. La persécution qui accompagne son pèlerinage sur la terre dévoilera le "mystère d'iniquité" sous la forme d'une imposture religieuse apportant aux hommes une solution apparente à leurs problèmes au prix de l'apostasie de la vérité. L'imposture religieuse suprême est celle de l'Anti-Christ, c'est-à-dire celle d'un pseudo-messianisme où l'homme se glorifie lui-même à la place de Dieu et de son Messie venu dans la chair[58]. »

Où en sommes-nous aujourd'hui ? Nous ne connaissons ni le jour ni l'heure (cf. Mc 13, 32). Mais nous n'ignorons pas tout : « Vous savez en quel moment nous vivons. C'est l'heure désormais de vous arracher au sommeil ; le salut est *maintenant plus près* de nous qu'au temps où nous avons cru » (Rm 13, 11).

Nous ne savons pas dans quelle mesure le jour est proche. Mais nous croyons que « l'Eglise n'entrera dans la gloire du Royaume qu'à travers cette ultime Pâque où elle

57. *CEC* 1001.
58. *CEC* 675.

suivra son Seigneur dans sa mort et sa Résurrection (cf. Ap 19, 1-9). *Le Royaume ne s'accomplira donc pas par un triomphe historique de l'Eglise selon un progrès ascendant* mais par une victoire de Dieu sur le déchaînement ultime du mal qui fera descendre du Ciel son Epouse[59] ».

Obviam Sponso ! Le chemin sur lequel l'Eglise s'avance à la rencontre du Christ est « la porte étroite de la Croix[60] ».

c) L'heure de la venue du Christ dans la gloire dépendra de lui, librement et souverainement. Mais le cheminement de l'Eglise à la rencontre de son Epoux est lié à un *mystère particulier* sur lequel nous avons déjà médité au cours de cette retraite : « La venue du Messie glorieux est suspendue à tout moment de l'histoire à sa reconnaissance par "tout Israël" (Rm 11, 26 ; Mt 23, 39) dont "une partie s'est endurcie" (Rm 11, 25) dans "l'incrédulité" (Rm 11, 20) envers Jésus. (...) "Si leur mise à l'écart fut une réconciliation pour le monde, que sera leur assomption, sinon la vie sortant des morts ?" (Rm 11, 15). L'entrée de "la plénitude des juifs" (Rm 11, 12) dans le salut messianique, à la suite de "la plénitude des païens" (Rm 11, 25), donnera au Peuple de Dieu de "réaliser la plénitude du Christ" (Ep 4, 13) dans laquelle "Dieu sera tout en tous" (1 Co 15, 28)[61]. »

Ces « temps de la restauration universelle » (Ac 3, 21) se situeront-ils encore *dans* l'histoire ? En constitueront-ils le terme ? Il y a *une* chose que nous savons avec certitude dans la foi : le chemin de l'Eglise *obviam Sponso* est inséparablement lié au mystère d'Israël. Nous vivons encore dans « les temps des païens » (Lc 21, 24) et une grande partie d'Israël attend encore le Messie. Tous les efforts en vue de réaliser l'unité des chrétiens ont leur importance,

59. *CEC* 677.
60. *Ad gentes*, cit. *CEC* 853.
61. *CEC* 674.

c'est l'Esprit Saint qui l'exige. Et pourtant, l'Eglise restera inachevée tout au long de son pèlerinage, aussi longtemps que durera ce « temps intermédiaire » entre la première et la seconde Parousie du Seigneur. Son unité restera fragmentaire. C'est la raison pour laquelle elle éprouve un tel désir d'être réunie à son Epoux, lui que Siméon a célébré dans le temple en ces termes : « Lumière pour éclairer les nations et gloire de ton peuple Israël » (Lc 2, 32).

CONCLUSION

Dans le Cœur de l'Eglise, je serai l'Amour

Le pape Paul VI a dit que l'Eglise était « le projet visible de l'amour de Dieu pour l'humanité[1] ». C'est sur ce *projet de l'amour de Dieu* que nous avons médité au cours de cette retraite.

« Dieu, infiniment Parfait et Bienheureux en Lui-même » : c'est par ces mots, les premiers du *Catéchisme,* que nous sommes entrés dans ces exercices spirituels. Nous avons suivi les différentes étapes du cheminement par lequel le Dieu-Trinité, infiniment parfait et bienheureux, donne aux hommes, ses créatures, d'avoir part à sa béatitude, en les convoquant dans sa famille, *l'Eglise*[2].

Nous avons contemplé ce « projet de l'amour de Dieu », l'Eglise, en reprenant ce qu'en a dit le Concile Vatican II : « Au Concile, l'Eglise, dans le désir d'être pleinement fidèle à son Maître, s'est interrogée sur son identité et a redécouvert la profondeur de son mystère de Corps et d'Epouse du Christ[3]. »

1. Discours du 22 juin 1973, cit. *CEC* 776.
2. Cf. *CEC* 1.
3. *Tertio millennio adveniente*, 19.

Ce parcours, nous l'avons fait pas à pas à la lumière de cette question : où l'Eglise en est-elle *aujourd'hui*, au seuil du troisième millénaire *post Christum natum* ? « *Custos, quid de nocte ?* » « Le Fils de l'homme, quand il viendra, trouvera-t-il la foi sur la terre » (Lc 18, 8) ou bien le salut est-il maintenant « plus près de nous qu'au temps où nous avons cru » (Rm 13, 11) ? La nuit, l'obscurité grandissent-elles ? Ou est-ce désormais l'heure « de vous arracher au sommeil », car « *nox praecessit, dies autem appropinquavit* » (Rm 13, 11-12) ?

Nous ne connaissons ni le jour ni l'heure (cf. Mc 13, 32). Nous savons seulement que nous devons veiller (cf. Mt 24, 37). Et nous savons avec la certitude inébranlable de la foi[4] que « *déjà* les derniers temps *sont arrivés pour nous*. Le renouvellement du monde est irrévocablement acquis et, en toute réalité, anticipé dès maintenant[5] ».

En quoi cette certitude est-elle fondée ? A quels signes peut-elle renvoyer pour devenir d'une certaine manière compréhensible ? Le Concile indique où se trouve ce fondement : « Déjà sur la terre l'Eglise est parée d'une sainteté imparfaite mais véritable[6]. » On peut par ailleurs lire au début du cinquième chapitre de la Constitution sur l'Eglise : « L'Eglise (...) est aux yeux de la foi *indéfectiblement* sainte[7]. »

Cette *Eglise sainte* est « le projet de l'amour de Dieu ». Elle est l'Epouse bien-aimée, pour *la sanctification* de laquelle le Christ s'est livré. Si Eglise signifie « communion de vie avec le Christ », elle ne peut être *sainte* qu'à son image, et elle ne peut être *sanctifiée* que par lui. Dans la foi, nous avons la certitude que la sainteté ne fera jamais défaut à l'Eglise, même si ses membres sont pécheurs à de

4. Cf. *CEC* 157.
5. *LG* 48, cit. *CEC* 670.
6. *Ibid.*
7. *LG* 39, cit. *CEC* 823.

nombreux égards. Qui découvre *la sainteté* de l'Eglise découvre « la profondeur de son mystère ». Dieu en fait ses délices, et elle est l'objet de la « convoitise » des anges (cf. 1 P 1, 12). Notre dernière méditation sera donc consacrée à la *sainte* Eglise : notre amour pour l'Eglise s'enflammera alors au contact de l'amour du Christ pour son Epouse.

En ouverture, nous avions suivi les traces des premiers des disciples lors de leur première rencontre avec le maître. Nous suivrons pour terminer ces mêmes disciples, mais cette fois-ci sur le chemin de Jérusalem, en direction du Temple. Et le Seigneur de les inviter à nouveau à *ouvrir leurs yeux,* comme s'il voulait leur faire voir une fois encore l'essentiel avant sa Passion. C'est comme s'il leur répétait : « Venez et voyez » (Jn 1, 39). Mais ce qu'il leur montre, c'est si « peu » de choses : « S'étant assis face au Trésor (dans le Temple), il regardait la foule mettre de la petite monnaie dans le Trésor, et beaucoup de riches en mettaient abondamment. Survint une veuve pauvre qui y mit deux piécettes, soit un quart d'as. Alors il appela à lui ses disciples et leur dit : "En vérité, je vous le dis, cette veuve, qui est pauvre, a mis plus que tous ceux qui mettent dans le Trésor. Car tous ont mis de leur superflu, mais elle, de son indigence, a mis tout ce qu'elle possédait, tout ce qu'elle avait pour vivre (*hólon tòn bíon autês*)" » (Mc 12, 41-44).

Chez Marc comme chez Luc, cet épisode constitue le sommet mettant un terme aux discours et aux actes de Jésus, avant le discours eschatologique et le récit de la Passion. Tout l'Evangile est résumé dans cette petite scène. Elle est en quelque sorte l'Evangile en version abrégée.

Il y a d'abord le regard de Jésus. Jésus est assis et *observe* la foule qui dépose de l'argent dans un tronc. Il faut méditer longuement sur ce *regard de Jésus.* Car comment deviendrions-nous ses disciples sans apprendre à connaître *son regard*, sans faire nôtre *sa manière de voir* ?

Il enseigne à ses disciples à voir les choses, les situations, les hommes *par ses yeux. C'est ainsi que Jésus constitue son Eglise.* Voir par ses yeux, comprendre par son esprit, vouloir par sa volonté, ressentir par son cœur : de là naît l'Eglise, en cela consiste la sainteté.

Jésus donc observe la foule des hommes et voit de nombreux riches qui déposent beaucoup d'argent. Et soudain il *aperçoit* une *pauvre veuve.* Un quart d'as : c'est tout ce qu'elle offre.

C'est *à cet instant* que Jésus appelle à lui ses disciples. La *Vulgate* utilise le terme *convocans. Convocatio* : c'est là le nom de l'Eglise. Il les appelle à lui pour leur montrer la pauvre veuve. Il dit grand bien de cette pauvre femme : elle a donné plus que tout le monde, elle a *tout* donné, *hólon tòn bíon autês, tout* ce qu'elle avait pour vivre, « toute sa vie ».

Il appelle spécialement ses disciples à lui à cause de *cette* pauvre femme, comme s'il devait leur montrer quelque chose de très important, quelque chose de particulièrement étonnant.

La femme n'a rien remarqué : ni qu'on l'a observée ni qu'*il* l'a vue. Il ne *lui* dit rien non plus, ni louange ni promesse de récompense. La pureté de cette action insignifiante en ressort d'autant mieux. Cet acte n'a retenu l'attention ni des riches, ni de la foule du Temple, ni des disciples qui – comme tant d'autres fois ! – n'auraient rien remarqué si le maître lui-même n'avait pas attiré leur attention.

Le geste de la veuve est beau parce qu'il témoigne d'un oubli complet de soi. La main gauche ignore ce que fait la droite (cf. Mt 6, 3). L'aumône n'est pas faite « afin d'être glorifiés par les hommes » (Mt 6, 2). Et pourtant l'action est grave, empreinte de sérieux, parce que la veuve donne *tout* ce qu'elle a pour vivre.

Pourquoi Jésus appelle-t-il les disciples pour leur montrer cette pauvre veuve ? Parce qu'ils doivent *apprendre* à *voir* les hommes et les femmes qui ressemblent à cette veuve. Eux, les pasteurs, doivent y être sensibles. Si Jésus appelle à *lui* ses disciples, c'est pour qu'ils apprennent à voir selon son point de vue à lui. Et ils doivent apprendre l'étonnement devant *cet* ordre de grandeur : ils doivent apprendre à reconnaître qui est *grand* dans le Royaume des cieux. Jésus forme leur regard pour qu'ils deviennent des pasteurs selon son cœur.

Peu avant sa Passion, Jésus présente donc à ses disciples une sorte de miroir où se reflète intégralement le sens de sa propre mission. Car n'est-il pas venu dans la pauvreté, ne s'est-il pas anéanti lui-même (cf. Ph 2, 7), n'est-il pas devenu le serviteur de tous et n'a-t-il pas offert finalement « toute sa vie » pour nous dans le Trésor du Temple du Père ?

Cette pauvre veuve est ainsi une sorte de portrait pur et fidèle de Jésus lui-même. Ce n'est pas un hasard si les Pères y ont vu une figure de l'Eglise, qui « reconnaît que tout ce dont elle vit est un présent divin[8] ».

Lorsque nous posons la question de l'identité de l'Eglise, nous sommes renvoyés à cette figure. Nous qui sommes appelés au service apostolique, le Seigneur nous appelle à nous rassembler auprès de lui et désigne à notre attention cette image de l'Eglise que nous ignorons si facilement, mais qui est si grande à ses yeux : la pauvre figure de l'offrande désintéressée, oublieuse de soi, qui passe inaperçue. Il nous indique ainsi où se trouve *la sainte Eglise* et nous invite à partager son *amour* envers cette « pauvre veuve qu'est l'Eglise ». Il nous engage à entonner avec lui le chant de bénédiction en l'honneur du Père, à qui il a plu de révéler son mystère « aux tout-petits » (Mt 11, 25-26). C'est *là* ce qui constitue « la profondeur de son mystère (de l'Eglise) de Corps et d'Epouse du Christ[9] ».

---

8. Bède le Vénérable, *In Lucam*, 86, d'après Thomas d'Aquin, *Catena aurea*.

9. *Tertio millennio adveniente*, 19.

Cette sainteté cachée mais véritable ne fera jamais défaut à l'Eglise. Que nous pasteurs, nous fassions toujours nôtre le regard de Jésus nous permettant de la découvrir et de glorifier à son sujet le Père, le Seigneur du ciel et de la terre (cf. Mt 11, 25) !

Mais le Seigneur lui-même nous y aide en plaçant sur le chemin de l'Eglise des hommes et des femmes capables de voir avec ses yeux, de sentir et de penser avec son cœur. Le Seigneur nous envoie des figures lumineuses qui rendent visible la sainteté de l'Eglise.

Le *Catéchisme de l'Eglise catholique* présente un grand nombre de témoignages et de propos des saints, hommes et femmes. Ce n'est pas là un ornement, mais *le cœur même de la catéchèse*. Ces paroles brûlantes montrent clairement que la doctrine de la foi est *esprit et vie*.

Au milieu de la section du *Catéchisme* intitulée « l'Eglise est sainte[10] » se trouve un texte célèbre du *Manuscrit autobiographique B* de la petite sainte Thérèse. Ce passage décrit avec une clarté incomparable en quoi consiste le mystère de l'Eglise : « Je compris que si l'Eglise avait un corps, composé de différents membres, le plus nécessaire, le plus noble de tous ne lui manquait pas, je compris que l'Eglise avait un Cœur, et que ce Cœur était brûlant d'amour. Je compris que l'Amour seul faisait agir les membres de l'Eglise, que si l'Amour venait à s'éteindre, les apôtres n'annonceraient plus l'Evangile, les Martyrs refuseraient de verser leur sang (...). Je compris que l'Amour renfermait toutes les vocations, que l'Amour était tout, qu'il embrassait tous les temps et tous les lieux (...) en un mot, qu'il est éternel[11]. » Thérèse poursuit : « Alors dans l'excès de ma joie délirante je me suis écriée : O Jésus mon Amour... ma vocation enfin je l'ai trouvée, *ma vocation, c'est l'Amour* !... Oui j'ai trouvé ma place,

10. *CEC* 823.
11. *Manuscrit autobiographique B*, 3 v°, cit. *CEC* 826.

dans l'Eglise et cette place, ô mon Dieu, c'est vous qui me l'avez donnée... dans le Cœur de l'Eglise, ma Mère, je serai *l'Amour*... ainsi je serai tout... ainsi mon rêve sera réalisé ! ! ![12] »

Le Concile nous a rappelé clairement que nous sommes *tous* appelés à la sainteté. Mais il est difficile de trouver quelqu'un qui ait vécu de manière plus exemplaire que la petite sainte Thérèse, et qui ait enseigné plus clairement que la voie de la sainteté était *réellement praticable*. Dans son « Acte d'offrande à l'amour miséricordieux », il y a des mots qui expriment avec une précision incomparable la doctrine catholique de la justification par la grâce. C'est par ces mots – ils ont été placés délibérément à la fin du chapitre consacré par le *Catéchisme* à la justification, à la grâce et au mérite – que nous mettrons fin à cette retraite. Cette prière d'offrande de la petite sainte Thérèse nous reconduit du point de départ au terme en vue duquel Dieu a créé le ciel et la terre – le retour de l'Eglise dans la patrie céleste, dans le sein de la Très Sainte Trinité : « Après l'exil de la terre, j'espère aller jouir de Vous dans la Patrie, mais je ne veux pas amasser de mérites pour le ciel, je veux *travailler pour votre seul Amour* (...). Au soir de cette vie, je paraîtrai devant Vous les mains vides, car je ne Vous demande pas, Seigneur, de compter mes œuvres. Toutes nos justices ont des taches à vos yeux. Je veux donc me revêtir de votre propre *Justice* et recevoir de votre *Amour* la possession éternelle de *Vous-même*[13]. »

Loué soit Jésus-Christ ! A jamais, amen !

---

12. *Manuscrit autobiographique B*, 3 v°, dans *op. cit.*, p.226.
13. Cit. *CEC* 2011.

TABLE DES MATIÈRES

Achevé d'imprimer le 6 mars 1998
sur les presses de Dominique Guéniot,
imprimeur à Langres - Saints-Geosmes

Dépôt légal : mars 1998 - N° d'imprimeur : 3193